## ***ACCESO GRATIS*** *a la Lectura en la Nube*

Para visualizar el libro electrónico en la nube de lectura envíe junto a su nombre y apellidos una fotografía del código de barras situado en la contraportada del libro y otra del ticket de compra a la dirección:

AF606121

**ebooktirant@tirant.coı**

En un máximo de 72 horas laborales le enviaremos el código de acceso con sus instrucciones.

# De la intimidad a la opresión: violencias en las relaciones de pareja

Procedimiento de selección de originales, ver página web:
www.tirant.net/index.php/editorial/procedimiento-de-seleccion-de-originales

Elizabeth Gómez Etayo

# De la intimidad a la opresión: violencias en las relaciones de pareja

**tirant humanidades**
Bogotá D.C., 2025

En caso de erratas y actualizaciones, la Editorial Tirant lo Blanch publicará la pertinente corrección en la página web www.tirant.com

Catalogación en publicación de la Biblioteca Carlos Gaviria Díaz
Gómez Etayo, Elizabeth, autora.
De la intimidad a la opresión: violencias en las relaciones de pareja / Elizabeth Gómez Etayo. -- Primera edición. -- Bogotá: Tirant Humanidades, 2025.
101 páginas.
(Plural)
Incluye referencias bibliográficas: páginas 99-101.
ISBN: 978-84-1081-620-6

1. Violencia conyugal. 2. Esposas maltratadas. 3. Violencia contra la mujer. I. Flórez López, Jesús Alfonso, escritor de prólogo. II. Título. III. Serie.
LC: HV6250.4.W65 CDD: 362.829209861 ed. 23



© TIRANT LO BLANCH
EDITA: TIRANT HUMANIDADES
Calle 11 # 2-16 (Bogotá D.C.)
Telf.: 4660171
Email: tlb@tirant.com
Librería virtual: www.tirant.com/co/
Diseño de Portada: Ilustrador gallego Enrique Carballeira Melendi
ISBN: 978-84-1081-620-6

Si tiene alguna queja o sugerencia, envíenos un mail a: *atencioncliente@tirant.com*. En caso de no ser atendida su sugerencia, por favor, lea en *www.tirant.net/index.php/empresa/politicas-de-empresa* nuestro procedimiento de quejas.
Responsabilidad Social Corporativa: *http://www.tirant.net/Docs/RSCTirant.pdf*

*Violeta y María Antonia*

*De un pájaro, las dos alas*

# Índice

# Prólogo

El título de este libro: *de la intimidad a la opresión: violencias en las relaciones de pareja,* no pudo ser mejor escogido. Estas dos palabras se entrecruzan a lo largo de los testimonios que aquí se dibujan con detalle y que nos lanzan a una reflexión sobre nuestra propia vida, la de cada uno, hombres y mujeres, pero de igual manera sobre nuestra sociedad.

El soporte religioso de los patrones de conducta que rigen la dinámica social de Colombia ha contribuido, en gran parte, a asumir que el hombre es superior a la mujer, que a ella le corresponde la pasividad en la escucha, la obediencia y la resignación.

Este paradigma de inequidad se prolonga en todas las instancias sociales que aún conservan, en la práctica, un mayor reconocimiento social y económico del trabajo y la acción del hombre sobre la mujer.

Sin embargo, es indiscutible que las mujeres han adquirido cada vez más un mayor reconocimiento de sus derechos. Han hecho sentir su voz diversa y han logrado un protagonismo sin par y en crecimiento en las últimas décadas.

No obstante, no es exactamente esa la temática de este texto, pues sin estar aislado de ese devenir social, económico, político y simbólico del movimiento por los derechos de la mujer, su propósito es facilitar una reflexión sobre la cotidianidad de las relaciones entre hombres y mujeres.

La experiencia de lo que se denomina “amor” es lo que está en cuestión; ¿cómo es posible que prácticas aberrantes de irrespeto a la conciencia y al cuerpo de las mujeres, que llegan muchas veces al asesinato, puedan ser asumidas como una expresión de afecto, más aún cuando es asumido así por las propias mujeres?

Esta aporía es lo que le permite a la autora peguntarse por los significados, las representaciones y los sentimientos de las mujeres que, a pesar de ser víctimas de la violencia infringida por sus propias parejas, los siguen "amando", comprendiendo y justificando.

La diversidad de procedencia y de edades de las entrevistadas es una muestra de lo extendido de esta problemática, la cual está instalada en el imaginario social como propia y casi exclusiva de los sectores populares o marginales, pero que, como ha sido revelado por diversos medios, las clases alta y media son igualmente escenario de esta violencia contra la mujer en contextos de relaciones afectivas.

Esta alarmante situación que con mucha facilidad se llega a la destrucción física de la mujer, ha hecho que la conciencia social crezca en rechazo a esta injustificada práctica de "amor y violencia", lo cual se ha concretado, luego de muchas exigencias, en la ley 1761 de 2015, denominada también "Ley Rosa Elvira Cely", la cual tipificó esta inaceptable práctica como feminicidio, entendida la causa de estos asesinatos "por su condición de ser mujer o por motivos de su identidad de género".

El texto convoca, finalmente, a un análisis profundo de los cimientos de la sociedad, las representaciones mentales, para que se transformen las creencias, presentes en todas las culturas que conforman la sociedad colombiana, sobre la minusvalía y cosificación de la mujer, de tal manera que emerja una comprensión y experiencia del "amor" como posibilidad concreta de humanización.

Jesús Alfonso Flórez López
*Doctor en Antropología*

# Abrebocas y agradecimientos

*Nunca creí que esto me fuera a pasar a mí. Siempre dije que lo único que no le perdonaría a mi marido sería un golpe, sin embargo, sucedió y seguimos juntos. Yo lo perdoné porque sé que me quiere. Estoy segura de que él se arrepintió. Estoy segura de que va a cambiar. No fue un golpe, solo fue una cachetada. Él nunca me ha golpeado, bueno, solo una vez, pero no más. Nunca me ha maltratado, solo me grita y me humilla, pero no me maltrata.*

Cada una de las frases que componen este párrafo parece que hicieran parte de una sola historia, de una sola mujer. Sin embargo, son pequeños relatos que corresponden a diferentes mujeres. También podría pensarse que corresponden a mujeres extrañas, lejanas, anónimas, sin embargo, todos son de amigas cercanas. Estudiamos juntas o participamos de los mismos proyectos. Crecimos juntas.

También crecí escuchando a mis tías y a mi madre comentarios sobre un vecino que en la noche anterior había *barrido la casa con su mujer*, charlas que alimentaban las conversaciones femeninas de fin de semana y que cerraban con un: *a mí si no*. Mi mente infantil imaginaba ese señor tomando a su mujer de los pies y barriendo la casa con su cabello, lo registraba literalmente y no comprendía en qué consistía tan extraño juego de los adultos. Comentarios de fin de semana que fueron alimentando mi infancia e incidiendo en mi psiquis femenina y que naturalizaban, tal como sucede con casi todo lo que es cultural, prácticas de agresiones contra las mujeres que son más comunes y más cercanas de lo que creemos.

Después vendrían los juicios que he seguido escuchando a lo largo de mi vida y de mi carrera profesional. *Si lo aguanta es porque le gusta. Si no le gustara se separaría. Ella se lo buscó. Ella se lo merece. La mujer hace al hombre. Fueron cosas de tragos.* Y muchas más justificaciones que inciden en la naturalización de esta lamentable práctica cultural, haciendo mucho más difícil su transformación.

Pero si se pregunta en mi familia y en la de muchos de ustedes, si ha habido violencia contra mujeres, todos los hombres y todas las mujeres seguramente dirán que no. ¡NO! Y tal vez empezarán a matizar la violencia. Dirán que más o menos. Que no fue tan grave. *Que solo fue una vez. Que solo fue una bofetada*. En fin, la violencia contra las mujeres, así como la violencia en las familias, la violencia contra las niñas y los niños, y contra los ancianos y ancianas, se ha incorporado en nuestras vidas como una práctica cotidiana, familiar, rutinaria, que tiende a incorporarse como parte de las prácticas familiares y por eso es más difícil de identificarla y transformarla. *De la intimidad a la opresión* es una reflexión sobre violencia física contra mujeres, donde vuelvo sobre mi tesis de Maestría en Sociología y reviso algunas de las afirmaciones e interpretaciones que hice allí sobre los testimonios de cuatro mujeres agredidas. *De la intimidad a la opresión* es la forma en que muchas parejas viven su relación afectiva. *De la intimidad a la opresión* es una cierta forma de relacionarse que ya ha sido objeto de investigación psicológica y antropológica y sobre la cual quiero reflexionar al considerar que esa forma de amar debe transformarse.

Este libro es un esfuerzo por acercarse a esta realidad social y ha sido posible gracias a que cuatro mujeres caleñas accedieron a compartir sus testimonios desafiando el miedo y haciéndole un quite al silencio, pese a lo difícil que resultaba reconstruir las escenas de violencia de las que fueron víctimas. Porque junto con la memoria llegaba de nuevo el dolor; sin embargo, pudo más el ánimo sororo que el miedo, para contribuir con sus historias a sacar este fenómeno del contexto íntimo y personal. A ellas, que siguen siendo anónimas, en este caso como un compromiso para proteger su identidad, quiero darles mis más sinceros agradecimientos, junto con la responsabilidad de que este trabajo sea socializado como una contribución a la comprensión y transformación del problema.

También quiero agradecer a mi familia; Violeta y María Antonia, mis hijas, Ernesto y Flor de María, mi padre y mi madre, Martha y Patricia, mis hermanas y Diego, mi hermano; faro de luz, puerto seguro, polo a tierra. *A mis amigas les adeudo la paciencia;* Mary Lilia Congolino, Clemencia Gálvez, Liliana Bedoya, Johana Barreneche, Claudia Leal, María del Carmen Muñoz, Gleidys Martínez, Valentina Bradbury, Paula Olaya, Lida Tascón y Katherine Esponda Contreras. Si mis amigas no son una legión de ángeles clandestinos, ¿qué sería de mí? Parafraseando al poeta Raúl Gómez Jattin.

A todas las personas que contribuyeron en esta reflexión, con la convicción de que en el esfuerzo académico-colectivo, también contribuimos a una sociedad más justa y equitativa. Este trabajo se suma a los estudios de género, haciendo hincapié en que la violencia contra las mujeres no es lógica, no es natural y no es normal que suceda y es un imperativo ético erradicarla de la vida humana.

# 1. Introducción

Aunque desde hace más de dos siglos se hizo la Declaración Universal de los Derechos Humanos, desde entonces y hasta ahora la mujer ha sido discriminada negativamente por distintas razones, pero especialmente por su género. Fue por eso por lo que Olympe de Gouges tuvo la osadía de escribir en 1791 *La Declaración de los derechos de la Mujer y la ciudadana*, cuestionando la *Declaración Universal de los Derechos del hombre y del ciudadano* de 1789, de los que estaban excluidas las mujeres, incluidas las burguesas.

Aún hoy, muchas mujeres no gozan a plenitud de sus derechos como seres humanos e inclusive en muchos contextos la mujer no es considerada como sujeto de derechos. La negación de los derechos de las mujeres se manifiesta, entre otras cuestiones, en las distintas formas de violencias ejercidas contra ellas. Violencia que, sin embargo, no se reconoce plenamente como una violación de los derechos humanos. La violencia contra las mujeres no es un asunto privado, sino un fenómeno social cada vez más alarmante y un problema de salud pública que debe ser atendido como tal por los respectivos gobiernos y Estados. No se presenta solo en los sectores más pobres de la sociedad, sino que cruza barreras sociales y económicas, tanto en países empobrecidos como en países industrializados.

Es importante reconocer que existen distintos tipos de violencia contra la mujer; violencia física, psicológica, sexual, económica, vicaria, patrimonial y simbólica; las cuales se entrecruzan y en gran medida son producidas por hombres agresores, muchos de los cuales son o han sido sus parejas y por parte de padres, hermanos, padrastros, primos, tíos, abuelos; hombres que hacen parte de la familia. Por lo general, no se presenta una violencia sin la otra. La violencia no solo implica afectación física, sino el desconocimiento como un par en igualdad de condiciones; la violencia contra las mujeres expresa el desconocimiento de sus derechos y sobre todo la inequidad entre los géneros.

La violencia simbólica es la base de otras violencias, los comentarios descalificadores y las creencias infundadas sobre la superioridad de los hombres sobre las mujeres, han sido y son los nutrientes de una educación sexista que muchos niños y niñas todavía reciben; y que se retroalimenta con múltiples contenidos audiovisuales que siguen fomentando un modelo femenino de sumisión y cosificación, al igual que un modelo masculino violento y autoritario. Esto tiene que cambiar. Se deben desestructurar las violencias simbólicas que sirven de soporte a las violencias físicas y sexuales, hasta erradicar todas las formas de violencias contra todas las mujeres. No más vivir entre *amores y moretones.*

# 2. Artesanía intelectual ¿Cómo se hizo este trabajo?

El proceso empezó sosteniendo conversaciones informales con mujeres entre los 15 y 50 años en barrios populares de Cali; posteriormente, al compartir este proyecto de investigación con una amiga feminista y microempresaria, ella quiso aportar su testimonio. Algunas conversaciones en los barrios populares se realizaron individualmente, otras se hicieron en grupo según la disponibilidad de tiempo y actitud que tuvieran las mujeres. Debe tenerse en cuenta que la violencia física contra las mujeres es un tema difícil de abordar y en ocasiones la palabra era esquiva. En algunos casos, las entrevistas no fueron grabadas para permitir condiciones de mayor confianza previa al desarrollo de las entrevistas en profundidad. Estas conversaciones iniciales fueron uno de los insumos para elaborar un instrumento de recolección de la información.

Después de los encuentros informales, seleccioné tres historias de mujeres de barrios empobrecidos y acepté el testimonio de mi amiga para realizar entrevistas en profundidad y reconstruir sus trayectorias de vida. Con ellas realicé entrevistas individuales semiestructuradas y fui grabando sus testimonios. Las entrevistas estaban circunscritas a la cotidianidad, al proceso de hacerse mujeres, a las relaciones con los hombres, con las amigas, con sus familiares más cercanos, a la violencia vivida con sus parejas y también al interior de sus familias. Al iniciar las entrevistas, no pretendía desarrollar un cuestionario, sino profundizar en diversos temas de reflexión. Recordar cómo era la infancia, cómo era la relación con papá y mamá, posteriormente, hablar sobre cómo fue el proceso de establecer pareja, cómo vivieron el amor en la juventud, cómo fue el proceso de *hacerse mujeres;* eran temas de conversación y no preguntas cerradas.

Los principales criterios de selección para reconstruir las cuatro trayectorias de vida fueron los siguientes: primero, que la mujer hubiera sido agredida físicamente, segundo, que quisiera compartir su testimonio conmigo y tercero, que tuviera características distintas de las otras mujeres seleccionadas según nivel de escolaridad, composición familiar y edad. De sus testimonios se obtuvo la descripción de hechos violentos, el escenario donde se presentaron, la forma de reaccionar ante la violencia, la periodicidad de la misma y el lugar que ocupa en sus vidas.

## 2.1. LAS MUJERES DE ESTA HISTORIA[1]

### Sandra Patricia: mujer joven, estudiante de secundaria (entrevista N.° 1)

La primera entrevista se realizó con una mujer de 19 años, habitante de un barrio popular en las laderas de la ciudad de Cali. En el momento de realizar la entrevista, ella cursaba el último año de secundaria. Vivía sola en una habitación de alquiler, argumentando que las constantes peleas con su familia la obligaron a irse de su casa y pagar arriendo mes a mes con la ganancia que le dejaba la venta de cigarrillos, con la ayuda de amigos, con la venta de cosméticos y de ropa por catálogos o con lo que resultara. Esta joven fue abusada sexualmente por su padrastro y golpeada fuertemente y en repetidas ocasiones por su madre, con quien nunca ha logrado establecer una buena relación; considera que su madre la maltrataba de igual manera como su mamá fue maltratada por su papá por no haber parido un hijo varón. La chica también era agredida por su novio. Con esta mujer se realizaron varias conversaciones antes de grabar las entrevistas en profundidad.

### Adelaida: adulta, con educación universitaria (entrevista N.° 2)

La segunda entrevista se realizó con una mujer de 50 años, habitante de un barrio de clase media y licenciada en Ciencias Sociales. Ella se

1. Todos los nombres han sido cambiados para preservar la identidad de las entrevistadas.

considera revolucionaria, libertaria y feminista. Tuvo dos hijos en una relación de pareja que duró 12 años. La obtención de este testimonio no fue deliberada; llegó porque ella se interesó en el trabajo de investigación que yo estaba realizando y quiso compartir su testimonio conmigo. Lo tuve en cuenta por la riqueza del mismo y por la posibilidad de establecer contrastes con los casos de las otras mujeres de estratos bajos.

Con ella sostuve varias y profundas conversaciones sobre el tema de la violencia contra la mujer, sobre las características de la violencia, sobre los sentimientos que experimentan las mujeres que han sido agredidas, sobre el silencio y la humillación, todo esto sin ser una mujer directamente entrevistada para la investigación, hasta que un buen día ella propuso compartir sus testimonios para nutrir este trabajo. De esta manera, se realizaron tres entrevistas en profundidad donde se describieron en detalle las características de la violencia, la relación actual con su antigua pareja y sus perspectivas como mujer.

### Amparo: adulta, secundaria incompleta (entrevista N.° 3)

La tercera entrevista se realizó con una mujer de 44 años, líder comunitaria del barrio El Vergel y quien ha realizado terapias psicológicas a través de una entidad no gubernamental, lo que le ha facilitado hablar de su situación. Ella expresó su deseo de que otras mujeres en una posición similar hicieran visible su situación para que empezaran a superarla o, por lo menos, a socializarla.

Comenta que a diario se conocen en su barrio casos de mujeres maltratadas; su propia hija, su hermana y algunas sobrinas han estado en situaciones de violencia de pareja. Dice que todas las semanas hay historias de maltrato en el barrio donde ella vive, que se escuchan los golpes, los llantos, los insultos y la vida continúa como si nada estuviera pasando. Para ella, esta situación es angustiante por la impotencia en que deriva y sabe que, al igual que ella, debe haber mujeres sufriendo en silencio, esperando algún apoyo para superar la situación.

Con esta mujer se realizaron tres entrevistas en la sala de su casa; en la primera ocasión estaba hablando de su marido y justo al finalizar la entrevista él llegó, lo que generó un ligero cambio de actitud en ella. En la segunda ocasión estuvo presente una de sus hijas, quien cuestiona a su madre y a su hermana por *dejarse maltratar*. En la tercera ocasión, esta mujer hizo un cambio drástico en su apariencia, se hizo un nuevo corte de cabello y se tinturó el cabello de rojo. Según ella, lo hizo porque había roto con su pareja y esta vez sería definitivo, así que quería que la encontrara distinta, con una nueva apariencia. Ella me recomienda la lectura del libro: *Las mujeres que aman demasiado* asegurando que ahí se encuentran las claves para comprender su situación particular.

## Lorena: adolescente, secundaria incompleta (entrevista N.° 4)

La cuarta entrevista se realizó con una chica de 14 años, sobrina de la mujer anterior y habitante del mismo barrio. Su cuerpo frágil y su rostro cándido le sirven de morada a su mentalidad de adolescente. Vive hace dos años con su pareja, padre de su hija y de la hija que espera. Vive en casa de sus padres. Su cama está ubicada en un extremo de la sala, al lado de una ventana que da a la calle, donde duerme con su hija y su compañero. La cama está en medio de hornos y mesas utilizados en la panadería del abuelo.

Durante el proceso de investigación, esta chica dio a luz a su segunda hija y continúa viviendo con su compañero. La chica cuenta que la gente del barrio la criticó después de su segundo parto, porque dos días después de haber dado a luz ella andaba por la calle sin proporcionarse los cuidados necesarios de una *mujer recién parida*. Las señoras dicen "que ella es muy joven y no sabe que tiene que cuidarse la dieta, porque después vienen los dolores de cabeza". Comentarios que la joven madre ignora.

La intensidad y la riqueza de estas cuatro historias de vida fueron los criterios principales para incorporarlas en este libro. Al momento de realizar la primera entrevista con cada una de las mujeres, se optó por profundizar en sus vidas, desarrollando tópicos que contribuyeran a una mejor comprensión del problema desde esa dimensión personal.

Los testimonios de Adelaida y Amparo, las mujeres adultas, son más ricos en la descripción de los hechos violentos, a diferencia de Sandra Patricia y Lorena, las mujeres jóvenes; es posible que esto sea así debido a que las dos mujeres mayores han hecho psicoterapia acerca de su situación y sea más fácil para ellas hablar de lo ocurrido. También es posible que las mujeres jóvenes no consideren importante dar detalles de lo que les pasó, por vergüenza, miedo, o simple desinterés.

# 3. Del *"hogar dulce hogar"* a la amarga decepción

> En la violencia contra la mujer siempre llueve sobre mojado, y toda lluvia, hasta la tormenta más intensa, comienza con unas gotas que, poco a poco, van a más...pero no ocurre nada, porque nada se ve.
> Miguel Lorente (2001: 23).

Lejos de ser el lugar de los sueños, los hogares podrían convertirse en una de nuestras instituciones más peligrosas. El *hogar* deja de ser *dulce hogar* cuando aparecen las violencias. El ámbito: lo privado; el lugar: la casa; los actores: dos seres que se aman, o dicen amarse. El siguiente testimonio corresponde a Adelaida, la feminista y licenciada en Ciencias Sociales. Ella nunca imaginó que su pareja algún día la fuera a lesionar, como se describe a continuación:

> ...la primera vez que me pegó fue después de la despedida de una amiga. De una antropóloga. Él había estado con los trabajadores en una finca, bailando en una fiesta. Me dijo: "ya vengo". Salió. Pienso que salió a meter marihuana o alguna otra cosa. Cuando llegó yo estaba vaciando el sanitario y me empezó a golpear. Esa fue la primera vez que me pegó, me fracturó el cóccix y me partió la boca. Yo estaba en el baño. Él timbró, entonces yo le abrí. Seguí caminando y me agaché a cerrar la llave de paso del sanitario que estaba goteando agua y cuando me fui a parar recibí la patada. A mí me desconcertó porque yo nunca había recibido golpes. ¡Nunca! ¡De nadie! de él tampoco, ni nunca me imaginé que él fuera capaz de eso. Cuando yo lo volteé a mirar, los ojos se le movían, él no podía tener los ojos fijos, yo me di cuenta de que estaba como loco, además que estaba bajo los efectos del alcohol y de la droga.

Se destaca de este trecho la expresión: "me desconcertó", queriendo llamar la atención sobre una de las características de la violencia familiar, o de la violencia en medio de relaciones de afecto, y es que nunca se esperaría que fuera la persona amada quien propinara el golpe o propiciara el hecho violento. Por eso, una de las primeras reacciones de la víctima es de desconcierto, lo cual la inhabilita para actuar de inmediato en su defensa. De otro lado, en este caso ella sospechaba que su pareja consumía algún tipo de alucinógenos e inicialmente atribuyó los golpes que él le propinó, a que estaba bajo efecto de alguna sustancia, puesto que nunca la había agredido, por lo menos no de esta manera tan brutal.

En este evento, la mujer narra que no tenía antecedentes de violencia física con su pareja; sin embargo, revisando sus relatos, se encuentra que su pareja le había propinado otro tipo de agresiones, que ella catalogaba como sexuales y psicológicas, pero que inclusive también fueron físicas. En una ocasión, por ejemplo, él le arrojó una taza de café caliente a la cara porque ella no estuvo de acuerdo con una opinión suya, pero en ese momento ella no consideró que esto fuera violencia. Su primera relación sexual fue caracterizada por la posesión violenta y la agresividad, aunque ella dice que luego vino la ternura. Sin embargo, en la relación cotidiana siempre había algo que ella llama "densidad", agregando que no había tranquilidad en la relación.

Al parecer, cuando ella reconstruye los detalles del hecho violento, cree que el agresor acumuló una serie de resentimientos que afloraron por alguna circunstancia en ese momento de la relación y esto hizo que la maltratara, como si lo hubiera premeditado. Dentro de las distintas razones que Adelaida considera como pretexto para el resentimiento de su compañero afectivo, una fundamental son los celos infundados y enfermizos que lo hacían ver amantes donde no los había y también un permanente sentimiento de inferioridad de él hacia ella.

Una de las circunstancias para que azuzara la violencia en este momento y no antes fue —según ella— el mejoramiento de las condiciones económicas de la familia, lo que generó mayor independencia de él hacia ella. Esta pareja montó una microempresa de alimentos que empezó a generar buenos dividendos, pero antes del negocio era Adelaida quien suministraba la mayor parte de los ingresos del hogar con su trabajo como licenciada. Así continuó la escena de violencia:

Mis hijos estaban durmiendo en la alcoba. Yo lo único en que pensaba es que ellos no se fueran a dar cuenta. Me parecía terrible que mis hijos fueran a ver esa escena. Él se agarró a darme patadas ahí, luego se hizo en la puerta del baño a amenazarme que saliera. Yo obviamente no quería salir. Hasta que llegó un momento que me salí hacia el otro lado. Ahí me dio la patada que me fracturó el cóccix y yo buscaba la manera, yo le hablaba, le hablaba, le hablaba en un tono bajo, nunca grité. Me quemó la cartera, ahí dentro de la casa, me quemó la guitarra, me quemó los papeles, me iba a quemar la cara.

En la violencia familiar, un violento pocas veces acepta que es una persona violenta porque generalmente no se reconoce como autor de los hechos cometidos ni responsable de las consecuencias causadas; tampoco mide las consecuencias de sus actos. En este caso, quizás la intención del agresor no era fracturarle el cóccix a su mujer, sin embargo, fue lo que logró al darle la patada que la hizo tropezar y fracturárselo. Según el psicólogo argentino Corsi,

> ...es importante señalar que la intencionalidad de la violencia nunca está dirigida a producir el daño que realmente produce. (...) Si le preguntamos a cualquier persona que ha ejercido violencia, aun la violencia más extrema o más dañina, si su objetivo era ocasionar el daño que ocasionó, muy habitualmente van a contestar que no. Este hecho, el de no vincular la intención con el daño, hace que los maltratadores no asuman su conducta como violenta. (Corsi, 2000, 79-91).

Con la expresión: *nunca grité,* se pone de manifiesto, que el silencio es una de las situaciones en las que las mujeres en situaciones de violencia optan antes que ser objeto de juicio social o familiar. En este caso, la imagen ante los hijos y el daño que pudiera causarles, fue la razón por la cual ella no gritó. De otro lado, el hecho de que él la atacara no solo físicamente, sino que destrozara sus pertenencias, (cuando quema su cartera o daña lo que más le gustaba: su guitarra) e impidiera que saliera en busca de ayuda, expresa que la agresión no solo era un desfogue de ira, sino la intención de minimizarla como persona. Así continuó la escena de violencia:

> Decía que yo era una perra, una puta, que yo era una sinvergüenza, que yo me acostaba con todos los hombres. Eso de lo que los hombres acusan a las mujeres. Que yo le abría las piernas a todo el mundo, que... "¡Vos sos una zorra", ¡De dónde venís! ¡De verte con tu mozo!", bueno... todo ese lenguaje horrible. Me seguía gritando lo mismo, eso es como un disco rayado, y que... "Te voy a quemar", ¡Te voy a matar!", me amenazaba.

La violencia física no viene sola, se acompaña de violencia psicológica, busca hacer sentir culpable a la víctima y merecedora del maltrato por sus supuestas actuaciones indecorosas, según la mirada del agresor. La ofensa y el golpe juntos, como un juicio y un castigo al mismo tiempo. Con los insultos, que se constituyen en violencia psicológica, el agresor quiere justificar sus acciones y hacerle saber a la víctima que él tiene una buena razón para actuar como actúa.

En una investigación realizada en Brasil con presos que pagan condenas por homicidios contra mujeres, los condenados consideran que en muchas ocasiones los hombres agreden a las mujeres para corregir a la mujer que ha quebrado los cánones de ser mujer; que ha infringido las normas sociales de lo que debe ser una mujer, de forma que serían los hombres los llamados a corregir tales errores. Visión claramente sexista que desconoce a las mujeres como un par y como un individuo pleno y autónomo, dueño de sus acciones. [1]

## 3.1. LOS HIJOS COMO FACTOR PROTECTOR

> Los niños estaban dormidos. Yo sabía que si entraba a la pieza de los niños, él no iba a ser capaz de pegarme delante de ellos y así fue. Logré entrar al cuarto donde ellos estaban dormidos, me senté en la cabecera de la cama de mi hijo. Él tuvo una relación muy especial siempre con el mayor, entonces cuando me senté ahí, el hombre se quedó totalmente callado, me decía: "Salí, salí" y yo le decía: "No, no."

1. MACHADO, **Lia** Zanota. Masculinidades e violências. Gênero e Mal—estar na sociedade contemporânea. Serie Antropológica, 290. Brasília, 2001.

En medio de la escena de violencia, la mujer encontró una estrategia para frenar los ataques de ira del marido agresor, esto fue: refugiarse en aquello que él nunca se atrevería a agredir a sus hijos. Esta fue la tabla de salvación temporal que la mujer atinó y que le permitió evitar más golpes. Los hijos fueron, en este caso, el escudo para frenar la violencia. Luego vino la culpa por parte del agresor:

> Comenzó a amanecer. Yo creo que empezó a pasarle el efecto del alcohol y de la marihuana o de lo que había metido, entonces pasa al otro lado, el del culpable, el de pedir perdón, el de no sé qué. Pero yo no me podía mover y bueno... fui al médico, a tratamiento, me di cuenta de que estaba con el cóccix fracturado. Me decía que lo perdonara, que él no me volvía a hacer eso nunca, que él me amaba, que yo era la madre de sus hijos, que yo era un ser muy especial para él, que él me juraba, que no volvía a hacer eso. Yo le decía que yo estaba cansada de sus celos, él me decía que iba a cambiar y que iba a cambiar, me lo juraba, lloraba y se arrodillaba. Hablaba de todos sus discursos, sacaba toda su filosofía, entonces me convenció de que no iba a volver a pasar. Seguimos en una relación igualmente mala, no me pegaba... frecuentemente, pero de todas maneras sus celos no bajaron, ni nada, o sea, era una relación atormentada.

Finalmente, la mujer se libra de la escena más violenta que vivió en esta relación de pareja, pero no de la violencia, puesto que después se presentaron otras escenas menos intensas que inclusive ella no catalogaba como violencia cuando manifiesta: "no me pegaba..." luego hace un espacio y dice: "frecuentemente". De esta manera, la relación se habría fragmentado, pero no para romperla de manera definitiva. En medio del conflicto aparecen toda una serie de condicionantes que impiden la separación, por ejemplo los hijos, la comprensión de ella hacia él, la esperanza permanente de que la relación cambiaría, el voto de confianza depositado en él por el cual no volvería a efectuar un ataque contra ella.

La mujer supo que tenía el cóccix fracturado cuando visitó un médico amigo que realizaba terapias alternativas a la medicina alopática y le insistió en que denunciaran la situación, puesto que lo ocurrido era bastante grave, no solo para su salud física, sino también mental; además se sentía mal de saber que esto le había pasado a una amiga. Sin embargo, la mujer violentada no consideró pertinente denunciar a su marido, por las implicaciones sociales y familiares, especialmente por las consecuencias que esto podía traer para su hijo e hija, así que guardó silencio, convencida de que ella, sóla, podría manejar la situación en casa.

Al respecto, Bourdieu diría que "las mismas mujeres aplican a cualquier realidad y, en especial, a las relaciones de poder en las que están atrapadas, unos esquemas mentales que son el producto de la asimilación fundadora del orden simbólico." (Bourdieu, 2000: 49). Aparecen de manera vedada todas las justificaciones que la cultura, tanto en él como en ella, ha inculcado. El hombre arremete, domina y maltrata; la mujer aguanta, comprende y espera.

Esta situación se da a pesar de que esta mujer tuvo acceso a una formación académica; especialmente en temas como la igualdad de derechos entre los géneros desde la postura del feminismo de los años sesenta y setenta; sin embargo, su historia de mujer con ascendencia rural, hija de campesinos y particularmente de un padre abusador y una madre sumisa, parece que fueran más determinantes en ella cuando de tomar decisiones se trata. Dejando claro que la incorporación de un hábito que permita reconocerse como sujeto de derechos no depende solamente de la formación académica e incidencia política, puesto que se pueden conocer los contenidos teóricos y su importancia social, pero otro paso, es hacer esto parte de la vida cotidiana, como un aprendizaje para la vida propia. De esta manera, pasaron muchos años antes de que esta mujer tomara la decisión de alejarse de su victimario.

En otras conversaciones ella cuenta que cuando no hubo plata en abundancia la relación era de mayor equidad, pero cuando se incrementaron los ingresos, el hombre se vuelve un celoso compulsivo, que quiere vigilar cada paso de su mujer; al parecer cuando era ella quien trabajaba y se convertía en el eje económico de su familia, él no se sentía con derecho de exigirle explicaciones de sus comportamientos. Pero cuando ambos tienen igual acceso a ingresos, él se siente con derecho para controlar los pasos de su mujer y de castigarla, por lo que él considera indecoroso. De esta manera, permanentemente cuestionaba sus actuaciones, sus relaciones sociales, sus amigos y amigas, hasta que se presentó el evento de violencia física y después siguieron los reclamos y los controles.

Sobre esta compulsividad Myriam Jimeno plantea que "existe una fuerte tradición cultural occidental que establece una asociación entre el empleo de la violencia y la explosión emocional" (Jimeno, 2002:17). Es decir, que el agresor ataca cuando es preso de ciertas pasiones, aparentemente irrefrenables.

Cuando la mujer se negó a denunciar, quería evitar que esta situación fuera de manejo público, también quería proteger a sus hijos y paradójicamente defenderlo a él, puesto que, según ella, no ha querido que sus hijos tengan una imagen de su padre como un ser violento. Considera que, a pesar de haber sido un hombre agresivo, ha sido un buen padre y nada justifica causar un daño emocional a sus hijos, tal como pudiera ocurrir si ellos supieran el tipo de maltrato que él propinó a su mamá. Ella considera que sus hijos no deben afectarse por esta situación y prefiere guardar silencio antes que causarles daño. Es posible que este pretexto escondiera un profundo miedo a las consecuencias que la denuncia podría acarrear contra ella en un segundo posible ataque. El miedo se vuelve paralizador, su incorporación puede incluso ser más profunda que la convicción de la importancia y la necesidad de la defensa personal.

En esta situación se puede ver, entre otras cosas, cómo las mujeres usualmente han depuesto sus intereses y derechos a favor de terceros, especialmente de los hijos. Cuando se hace la pregunta sobre por qué una mujer no denuncia la violencia física, habría que tener en cuenta este tipo de elementos. También el hecho de que ella sea reconocida socialmente como feminista más que una ventaja representó —en este caso— una carga, puesto que de conocerse su realidad estaría expuesta al escarnio público. ¿Cómo es posible que a una feminista la maltraten? Si eso pasa con ella, entonces no hay esperanza para las demás. Podría ser uno de los comentarios generalizados, aparte de las ya conocidas especulaciones insulsas sobre el gusto por el maltrato.

En este caso se trata de una mujer educada, con solvencia económica y en general con buenas condiciones de vida, que, sin embargo, estuvo en medio de una situación de violencia física, porque pesó más el hecho de ser mujer, lo cual le impone una cierta impronta de comportamiento que según su marido agresor transgredió, y, por otro lado, cargar con el lastre de una violencia cultura reforzada en su familia, como se verá más adelante, que se manifiesta no solamente en el ataque por parte del marido, sino en que las mujeres guarden silencio frente a los ataques de sus maridos.

Por otro lado, es importante tener en cuenta que los hombres no son ni agresores naturales ni agresores per se, existen claro, casos de misoginia u odio hacia las mujeres, pero muchos otros casos son situaciones en las que los hombres han actuado como agresores, y años después, como en este caso, pueden establecer relaciones respetuosas con sus antiguas parejas. El tema específico de las masculinidades y de la violencia en la perspectiva de los hombres lo he abordado en otras investigaciones y es materia de otra publicación.

## 3.2. LOS RIESGOS DE LA PASIÓN

El siguiente relato corresponde a una mujer cuyas características de nivel educativo y económico son distintas a las de la mujer anterior. Amparo vive en un barrio de estrato bajo, mientras que Adelaida vive en un barrio de estrato medio; la anterior tiene una carrera universitaria, mientras que Amparo apenas está terminando el bachillerato, una tenía 44 años y la otra 50 al momento de la entrevista, quizás la edad sea el rasgo que más las aproxime pero se debe tener en cuenta que en los sectores populares tener 44 años es ser casi una adulta mayor.

Amparo es una líder comunitaria. Siempre está presta a resolver problemas de su barrio y a promover dinámicas de ayuda social, como conseguir ropa y alimentación para los más necesitados de su vecindario.

Ella cuenta que un día su pareja —quien no es el padre de sus hijos— la buscó en su trabajo como de costumbre y le hizo un reclamo por celos. Ella le manifestó que no había motivos y esto fue lo que pasó:

> ...me arrinconó en un callejón y me hizo un lance con una navaja. Primero me chuzo aquí (se señala el abdomen), luego aquí (se señala el brazo izquierdo) y luego aquí y aquí (otras partes del brazo). En cada lance que él me hacía, yo lo empujaba tratando de quitármelo de encima hasta que él salió corriendo. Yo paré un taxi y le dije que me llevara al hospital. Yo estaba toda ensangrentada. Le dije al taxista: "! Uy! ¿Será que yo llego viva?", el taxista se fue rapidísimo, saltando andenes y esquivando otros carros. Al llegar al hospital me preguntaron un número telefónico y yo di el de mi mamá. Al rato llegaron mis hijos y mis hermanos.

Esta mujer cuenta que antes de este evento su pareja nunca la había agredido, situación similar a la de la historia anterior. Al parecer, el hombre se enceguecíó por los celos infundados, también como en la historia anterior. Pero a diferencia de la historia citada, en este caso el hombre no estaba bajo efectos de ningún alucinógeno o sustancia psicoactiva y la agresión se dio en un espacio abierto, la calle; no en uno cerrado e íntimo como la casa, de manera que la mujer podía gritar para tratar de defenderse sin temor de involucrar a nadie de su familia. En este caso, el daño físico fue similar.

En ambos casos al parecer los hombres actuaron bajo la ira y el intenso dolor que les había generado los celos infundados sobre una posible infidelidad de su pareja y, como en el caso de estudio de Myriam Jimeno, los hombres en estos casos aparentemente no actúan racionalmente, sino que se dejan llevar por sus emociones. Dice Myriam Jimeno que "La vinculación entre el uso de la violencia y lo instintivo o animalesco tiene tras de sí una larga historia, que encaja y se potencia con la concepción moderna del sujeto escindido entre emoción y razón." (Jimeno, 2002: 17). Lo cual no refuta su responsabilidad. Posterior a la agresión, esta fue la reacción de la mujer agredida:

> Cuando salí de la anestesia y me vi ese poco de puntos en el brazo (cicatriz como una Z) le dije al médico: "¡Uy usted, por qué me dañó así el brazo!". Él me dijo: "¿Dañarle yo?, daño el que le hizo esa persona. ¡Humm! Agradezca

que le salvé ese brazo". ¡Claro! Porque es que yo casi pierdo los dedos, también la vesícula, mejor dicho, yo quedé media. Estuve una semana en el hospital, mis hijos cuidaban la puerta por miedo a que él volviera a rematarme, me llevaron a la casa y en tres meses él no se comunicó.

La mujer se mira la herida propinada por el agresor y todavía no puede creer que él le haya hecho esto. Su hijo y sus dos hijas, quienes son jóvenes mayores de edad, no interpusieron un recurso de protección jurídico para su mamá, le dieron la protección que ellos mismos podían ofrecerle cuidándola en el hospital. Tanto ellos como la mujer estuvieron intimidados por el miedo que les producía la posibilidad de una próxima arremetida del agresor contra su mamá, quien en los meses siguientes no se volvió a comunicar con ella. Tácitamente, la comunicación quedó interrumpida y la relación terminada. Es posible que la culpa fuera el sentimiento que invadía al hombre agresor, de manera que no se sentía con derecho a presentarse ante su pareja; por su parte, la mujer estaba invadida de miedo y no se atrevía a interponer una demanda solo esperaba con resignación a que la vida sola fuera resolviendo el asunto. Finalmente, él apareció y así transcurrió el encuentro:

Un día me llamó y me puso una cita. Mis hijos me dijeron que no fuera porque me remataría y a él la familia le decía que no fuera porque yo lo haría coger de la policía, pero él decía que si era así, pues que yo tenía razón. Bueno, el hecho es que nos encontramos y apenas nos vimos, nos abrazamos y soltamos a llorar. Los dos lloramos como unos niños como por media hora, luego nos sentamos a hablar y él me decía que lo perdonara, que lo perdonara. Ahí seguimos vacilando[2], él me daba dinero. Es un amor todo raro, nos seguimos viendo así por un tiempo. Él se fue a vivir al Darién y yo iba a verlo allá, pero de todas maneras le había puesto una demanda, yo di todas las indicaciones para que lo cogieran por intento de homicidio y lo cogieron. Estuvo 9 meses preso en la cárcel de Darién y allá fui a verlo, él no se enojó conmigo porque

2. Vacilando: sosteniendo una relación de pareja no formal o no tan comprometedora

dijo que era justo, es que él es todo noble, él ha cambiado mucho, todo el tiempo que estuvo en la cárcel, yo lo fui a ver, que amor tan raro, ¿cierto?

Este relato se constituye en un buen ejemplo de la *paradoja de la doxa,* propuesta por el sociólogo francés Pierre Bourdieu (2000), donde el autor cuestiona cómo es posible que un orden injusto se mantenga por tanto tiempo. En el caso de una mujer agredida, como diría Simone de Beauvoir, "el vínculo que la une a sus opresores no se pude comparar con ningún otro" (De Beauvoir, 1982: 15), lo que invita a cuestionarse sobre qué es lo que existe en el trasfondo de estos relatos que resulta paradójico. Puesto que no se esperaría que la mujer agredida tuviera algún tipo de compasión con su agresor, tampoco que lo calificara como *alguien noble,* menos aún después de haberla herido de gravedad.

Cuando la mujer se reencuentra con su compañero sentimental, ante todo está de manifiesto que es su pareja, es el hombre que ella ama y este sentimiento al parecer pesa más que el resentimiento. Hay un fuerte vínculo entre víctima y victimario; ella quería verlo para que le explicara por qué actuó de esa manera, puesto que estaba segura de que se trataba de un malentendido. Sobre esto, Myriam Jimeno dice:

> La ira, el odio, los celos y el amor pasional ocupan un lugar particular en la evaluación de las condiciones subjetivas del criminal y por consiguiente en su culpabilidad. Sus límites son los límites de la razón. (...) Se supone que en este terreno de las expresiones emocionales ciertos sujetos sociales —masculinos por lo general— ceden a la irrupción de fuerzas presociales y se comportan de manera "incivilizada". (Jimeno, 2002: 19).

Sin embargo, error o equivocación, la mujer considera que hay un culpable y, según su relato, tanto la víctima como el victimario son conscientes de que alguien debe pagar por el daño. Es así como la mujer lo denuncia y le ofrece a la policía toda la información para atrapar al acusado; esto no quiere decir que no lo amara, sino que, de alguna manera, ella pretendía que se hiciera justicia con ella misma. El victimario acepta la condena porque la considera justa, en eso reside, según ella, su nobleza; al parecer el hombre no se creía con derecho a hacer lo que hizo, sin embargo, lo hizo y después acepta pagar su error con cárcel. Estando en prisión, la relación de pareja continúa. El hecho de que él continuara dándole *platica*[3], como ella misma dice, era una demostración de afecto, de manera que una vez demostrado el afecto la relación se mantiene. Esta fue la reflexión posterior al evento de violencia:

> En los tres meses que él no me llamó después que me apuñaleó, lo único que yo me preguntaba es: ¿Por qué lo hizo? Si yo no había hecho nada, yo no tenía ninguna culpa; si estábamos bien, yo no pensaba en lo que me hizo, sino en ¿por qué me lo hizo?

Cuando esta mujer reflexiona sobre el evento de violencia del que fue víctima, lo que más le interesa saber es si había motivo o no para ello. Ella considera la posibilidad de ser culpable al haber generado la ira y posterior ataque de su pareja, busca las causas en su comportamiento y no en los comportamientos de él. Esta situación refleja una característica de la formación o del proceso de socialización de muchas mujeres: las mujeres se educan para agradar a los demás, especialmente a los hombres, y las agresiones solo se presentarán en caso de que ellas transgredan este rol socialmente asignado. En este caso el desconcierto radica en que ella no había transgredido el rol, pero el victimario sospechó que esto hubiera podido suceder, entonces aparece la violencia física, por sospecha.

La reacción de este hombre, se puede calificar como primaria, básica o impulsiva. Aflora en él la necesidad de hacerse respetar, de imponerse y dejar claro su virilidad, basada en que nadie podría burlarlo. Una posible infidelidad es seguramente la más cruel de las ofensas para el alma masculina, atormentada por las inseguridades y, de otro lado, denota un proceso de civilización aún incipiente o en construcción. Parafraseando al sociólogo alemán Norbert Elias la antropóloga Myriam Jimeno propone que se debe comprender cómo funciona el proceso de civilización o, por lo menos, cómo se esperaría que funcionara para comprender diferentes desigualdades de género. Ella plantea:

3. Dinerito.

> El modelo ideal contra el cual se está realizando esta valoración es el del individuo autocontrolado, dueño de sí, que evita el uso de la agresión abierta en las relaciones interpersonales del cual nos habla Elias (1987) Pero el prototipo ideal del individuo autocontrolado contiene al menos dos esguinces fundamentales. En el primero, todo depende de si el sujeto es masculino, pues se esperan de él simultáneamente dos comportamientos opuestos. Por un lado, que sea capaz de reprimir muestras de agresividad con sus congéneres; pero por el otro, que dé muestras de que es lo suficientemente varonil como para reafirmarse sobre los demás por la violencia. Dos mandatos sociales no siempre fáciles de conciliar. (Jimeno, 2002:19).

Tanto las actuaciones de este hombre como las reacciones de esta mujer pueden dar cuenta de un proceso de civilización inmaduro o en desarrollo, como también las propias contradicciones de tal proceso civilizatorio. Además, en la interpretación de este caso, se debe tener en cuenta que la mujer tuvo hijos en su juventud con otro hombre y ahora de nuevo hace pareja cuando ya no tiene posibilidades de concebir, situación que le ha generado insatisfacciones porque le gustaría "darle un hijo" a su nuevo compañero, lo cual representaría más afianzamiento en su relación, puesto que hasta ahora ella no se considera "que sirva como mujer" lo cual la pone en desventaja frente a otras mujeres. Esta quizás sea una de las razones por la cual ella lo perdonó y es posible que ahí radique su culpabilidad. Sobre esta situación, ella dijo lo siguiente:

> Cuando yo salí, la familia de mi marido le dijo a él que me dejara porque yo estaba loca. Ellos nunca me han querido porque yo soy mayor 4 años y nunca le he podido dar hijos (Esta mujer tuvo una extracción de matriz hace 20 años por una infección en el cuello del útero) Entonces nos separamos y en esa separación él se metió con una muchacha y la embarazó, cuando yo me di cuenta, lo dejé, eso si no lo puedo soportar, yo le perdoné el maltrato, pero no que hubiera hecho el amor con otra mujer. Claro que él ni la determina, la hijita ya tiene 4 años y él no responde por ella, él me dio a entender que esa no era mujer para él y que me quería a mí.

Aquí se refleja una de las características en algunas formas de la socialización femenina; la competencia entre mujeres por el afecto de un hombre. Máxime cuando una de ellas se siente en desventaja frente a la otra, de nuevo, por los estereotipos de mujer que la sociedad ha impuesto, uno de los cuales radica en la maternidad; donde la mujer tiene valor en tanto pueda asegurar la descendencia del hombre, así ella ya haya tenido sus hijos con otra pareja. En algunos casos, la mujer tiene hijos con cada uno de los compañeros sexuales que tiene en su vida reproductiva, porque esta es una forma de demostrar el afecto y de alguna manera asegurar que el hombre permanezca a su lado. Sobre la socialización femenina, Jimeno plantea:

> Ahora, si el sujeto es mujer, se espera de ella una "naturaleza emocional", sensible y explosiva. La "naturaleza" femenina sería propensa a las expresiones afectivas hasta el lloriqueo y la melosería. En la gama de las emociones a las cuales se inclinaría la naturaleza femenina estarían, en resumen, las emociones "llorosas" o "suaves". No así las expresiones de rabia o revuelta, o el uso de la violencia contra otros. (Jimeno, 2002: 19).

En este caso, la rabia que experimenta la mujer agredida por la infidelidad masculina es ocultada porque en el fondo se siente culpable por no poder "cumplir como mujer" y su rabia no se puede expresar contra él sino contra la otra mujer. La mujer del relato acude a valores propios de sí misma, como la madurez, la experiencia y la capacidad de aguantar los abusos del hombre, porque cree saber cómo funciona el alma masculina y ella cree poder satisfacerla. Cuando esta mujer describe la escena de violencia que por poco le cobra la vida, parece que se sintiera como protagonista de una gran aventura de amor, e implícitamente plantea que el amor que vive con su pareja es realmente profundo porque han podido superar este incidente, lo cual la ubica en una situación ventajosa respecto de otras mujeres que él pueda tener.

Los dos relatos que siguen, corresponden a las mujeres jóvenes. En ellos no hay tanta riqueza descriptiva como en los anteriores, pero denotan situaciones de violencia en mujeres jóvenes. El siguiente es el de una mujer, cuyo perfil social es distinto al de las dos mujeres anteriores. Se trata de Lorena, la madre adolescente. Ella tenía 14 años al momento de la entrevista y dejó sus estudios en el segundo año de secundaria. Hasta ahora no ha trabajado y depende económicamente de su pareja. Quedó embarazada a los doce años, su hija tiene dos y a sus catorce años está de nuevo en estado de gravidez. El padre de sus hijas fue su primer novio y, una vez siendo papá, se convirtió inmediatamente en marido, quien se constituye así, además, en la única pareja que ha tenido Lorena.

## 3.3. EN LA CALLE Y EN LA CARA

La chica califica de enfermiza la relación de pareja que sostiene y cree que tiene que acabarse en algún momento, pero no sabe cuándo ni cómo. En el siguiente testimonio se esbozan las situaciones de violencia física que ha vivido Lorena. Ella no describe un hecho violento en particular, sino que habla de la violencia como elemento cotidiano en su relación de pareja.

> Él siempre me pega en la cara y en la calle. Nosotros nunca tuvimos un problema en el hogar, o sea que mi familia viera, no. Me pegaba en la calle, porque se daban las cosas. En el momento en que a él le daba rabia y ¡Tenga! Cuando me pegaba no me decía, pero yo sabía por qué era el golpe. Muchas veces porque yo era muy grosera. Porque él no me trata mal, yo soy la que le digo esto y lo otro. Yo soy muy grosera. Él a mí nunca me dice: ¡Asquerosa! Siempre soy yo la grosera, entonces por eso él se enoja y me pega, pero de resto no más. Lo siento como una ira de él al yo decirle las palabras, o también me había pegado por celos, porque él es muy celoso. Cuando me pega en la calle, la gente mira y no dice nada, solo los chismes, los comentarios, solo se quedaban viendo, pero hace tiempito un señor le dijo: "Mire lo que usted está haciendo, ojo con eso" y él le dijo: "Tranquilo, que no pasa nada".

En este relato se denota que la chica se siente culpable de la violencia ejercida contra ella. Su actitud al momento de relatar los hechos es de total sumisión. Cree que su pareja la golpea con justificación. Así se deduce cuando ella se califica como alguien "muy grosera". De esta expresión también se deriva que quizás por su edad ella encuentre en su pareja, no solamente su marido y padre de sus hijas, sino además un referente de autoridad que está facultado para corregirla o castigarla. De otro lado, también se encuentra que el hombre no solamente arremete contra ella por su grosería, como ella lo califica, sino por los celos infundados. Es importante mencionar que el joven marido es afrodescendiente y ella es mestiza[4] y de facciones muy delicadas, característica que en algún momento ella ha considerado puede ser la fuente de sus celos porque el hombre se siente inseguro y discriminado socialmente por su color de piel y cree que ella podría serle infiel. Quizás esta razón explique, entre otras cosas, sus precoces y seguidos embarazos, en la necesidad que tiene este hombre de alguna manera "asegurar" a esta mujer.

Como en el caso anterior, el hecho violento fue perpetrado en la calle y no en la casa. Esto pone de manifiesto la indiferencia social, el hecho violento se hace público en el momento de dar el golpe en la calle. Sin embargo, no suscitó ninguna reacción por parte de quienes estuvieran presenciando el acto, excepto del señor que en una ocasión pasó cuando el joven maltrataba a la chica y le llamó la atención por esto; sin embargo, el joven argumentó que tenía manejada la situación y que no había motivo para preocuparse.

Es posible que golpear a las mujeres en la calle sea un acto más de demostración de poder masculino, porque en algunos sectores sociales, los hombres no temen ni ser vistos ni ser juzgados por este acto; por el contrario, pueden ser valorados positivamente de "muy hombres" o "muy machos". De hecho, el señor no interviene para evitar la violencia contra la mujer, sino para recomendarle al agresor que sea cuidadoso, que no se exceda, pero no que no lo haga.

La chica empieza su relato diciendo que le pega en la calle y en la cara. Es posible que pegarle en la cara tenga un sentido, como por ejemplo marcarla para que no luzca tan atractiva ante sus posibles pretendientes y así evitar la posible infidelidad. Posiblemente, cuando la mujer ha sido atacada, no ha buscado ayuda en sus familiares, teniendo en cuenta que la pareja no vive sola, sino en casa de su familia, por sentirse culpable de la violencia física ejercida contra ella. Además, ella siente que puede manejar las situaciones de agresión, solo hace referencia a

4. Considerada blanca en nuestro contexto social.

que necesitaría ayuda en el momento explícito de la agresión directa, pero no en otro tipo de afrentas, como se describe a continuación.

> Mis papás nunca se meten. Ellos nunca han visto que él me haya pegado, no más ven las heridas que él me deja. Por ejemplo, cuando me pega un puño en la boca y a mí se me hincha la boca, entonces ellos me ven y dicen "¡Ah esta peleó con James¡" Pero no me preguntan por qué, ni nada, porque ellos saben que yo no les voy a responder, yo les digo que no pasa nada [...] En el momento en que a uno le están pegando, si le gustaría que lo defendieran, porque cuando él le está pegando a uno, uno no puede contra ellos. Si alguien le ayuda, uno se puede defender, pero de resto no.

De alguna manera, los padres de la chica legitiman la violencia física ejercida por el marido hacia ella. Porque tratándose de una adolescente, podría esperarse que reaccionaran en defensa de su hija. Pero como ella describe, los padres saben que el marido la maltrata y, sin embargo, no intervienen en su defensa. Es posible que piensen que una vez ella ha salido del hogar paterno y convive en pareja ahora está bajo la égida de su marido, en cuya situación los padres no pueden hacer nada por defender a su hija, no hay ninguna consideración por ella como una menor de edad o incluso una niña, puesto que implícitamente reconocen que al momento de haber tenido una hija pasó a ser mujer y mucho más si vive en pareja.

Hay varios antecedentes que ponen en situación de vulnerabilidad a esta adolescente para que sea víctima de violencia física y para que la misma se perpetúe. Primero, ella no ha tenido la educación suficiente, aunque, como se verá más adelante, y ya se ha planteado arriba, este no necesariamente es un factor protector. De otro lado, ella no se reconoce a sí misma como sujeto de derechos y, sobre todo, no tiene un medio familiar de apoyo.

También ha tenido dos embarazos muy seguidos y es totalmente dependiente de su compañero sentimental, tanto económica como emocionalmente. En medio de todas estas características, ella siente que, aunque el asunto no está bien, es lo que debe vivir. A su corta edad no ha tenido otros referentes de afecto en pareja; puesto que su marido, y padre de sus hijas, fue el primero y único novio que ha tenido. No cree que pueda ser autosuficiente, pues nunca ha trabajado ni siente que alguien le pueda dar trabajo; tampoco considera que deba hacerlo, pues cree que es el hombre quien debe ser el proveedor y protector de ella y de sus hijas, y el costo de ser mantenida es soportar con sumisión el maltrato.

## 3.4. AMOR Y DOLOR

A continuación se presentan los hechos de violencia física contra la cuarta mujer, quien tiene características diferentes a las mujeres anteriores, y siendo joven, también es distinta a la mujer anterior. En este relato se describe la violencia física al interior del hogar y por parte de familiares distintos a la pareja. En él se describe el abuso por parte de un padrastro y la desconfianza por parte de la mamá hacia Sandra Patricia, una joven de 19 años, habitante de un barrio popular al oeste de la ciudad; en las laderas de Cali. A diferencia de Lorena, Sandra Patricia no es madre adolescente y está terminando sus estudios de secundaria. Aunque el padrastro abusó sexualmente de la chica, la mamá no ve a la hija abusada como víctima del agresor, sino como una competencia para ella y como provocadora del abuso. Esto es lo que cuenta Sandra Patricia:

> Cuando tuve los 14 años sucedió un pequeño accidente. Un día mi madre no estaba, yo estaba sola con él (el padrastro), él me estaba dando un beso cuando mi mamá llegó. Mi mamá empezó a alegar y no me dio tiempo de explicarle. Me mandaron para la calle y se quedaron ellos hablando solos. Mi mamá empezó a maltratarme, me dejó moreteada, desató toda la ira conmigo, me dijo que no merecía ser hija de ella, aunque yo siempre he notado diferencia en el trato de mis hermanas y yo, pero en todo caso me dolió mucho.

En la situación anterior, no solo se presenta el hecho de que la mamá no defienda a la hija, sino que además la incrimina. Sandra Patricia es juzgada por ser responsable de su propio abuso. Situación que recrea el hecho de que en muchos contextos las propias mujeres abusadas son fácilmente recriminadas por ser culpables de su propia agresión. Esta mujer ha estado en situaciones de violencia física por parte de su madre, quien, en aparente defensa de su pareja, ve a su hija como su rival. En otra ocasión la chica describe que ella ha sido maltratada por su novio y aunque encuentra ahí una situación irregular, en el fondo cree que se lo tiene merecido porque desde pequeña se ha reforzado en ella la idea de que es una mala chica y que merece los castigos, primero de su mamá y ahora de su pareja.

Algunas relaciones de pareja pueden ser relaciones de poder y de dominación. Donde uno de los integrantes domina y el otro es sometido o dominado. Esta relación de dominación es aprendida, lo cual quiere decir que puede cambiar. Por lo general, los hombres aprenden a ejercer la dominación las mujeres aprenden a soportarla. De manera que la relación de pareja en equidad parece ser una ilusión en realidad prima la condición biológica, de donde se desprenden atribuciones culturales sexistas tanto a hombres como a mujeres. Algunas relaciones de pareja pueden llegar a ser relaciones sociales de competencia, dominación y poder que inicialmente se fundaron solo sobre el afecto, el amor y la cooperación mutua. En el siguiente fragmento, esta adolescente reconoce el amor, el dolor y la dependencia vivida con un hombre en su relación de pareja.

> ... con él viví una historia de amor, que más fue de dolor que de amor. La verdad es que nos hicimos novios, empezamos a salir y no sé, al principio era mucha ternura y sentí que el amor era correspondido. De un momento a otro él llegó a manipularme de tal manera que me maltrataba, me estrujaba y yo me dejaba. Él me decía: "deje de hablarle a tal persona" y yo lo hacía. Era una obsesión por él, de pronto, porque nunca había tenido un cariño o alguien así especial, ya que él siempre estaba conmigo a pesar de todo. Él empezó a maltratarme, a estrujarme, yo lo dejaba porque al momento me buscaba, me decía que me quería y yo, como una ilusa, seguía con él. Pero ahí se dio mucho el maltrato por él y por mí, porque yo sabía lo que estaba pasando e igual seguía.

En este relato se encuentra que la mujer ha aprendido a ser dependiente emocionalmente, da amor y espera recibirlo sin sospechar que a cambio puede recibir todo lo contrario a lo esperado, o incluso que lo recibido, aun siendo violento, pueda interpretarlo como amor o afecto. De esta manera mantiene una relación sentimental a costa de su propio bienestar. La mujer no considera que la manipulación y el chantaje emocional sean una forma de violencia simbólica sobre la cual se pueden estructurar posteriormente las otras formas de violencia. Como dice Bourdieu, la violencia física aparece porque la violencia simbólica funciona, es decir, porque la mujer agredida no considera que en estas situaciones haya algo reprochable.

La chica contaba, en conversaciones no grabadas, que su novio la maltrataba delante de sus amigos. Le daba una bofetada, por ejemplo, e inmediatamente le pedía perdón. Esta situación de agresión y de manipulación permanente, no permitía que ella reaccionara; con la petición de perdón era como si la agresión física quedara inmediatamente borrada. Además, los amigos de él le decían permanentemente a ella, que él la quería, que lo comprendiera, lo cual generaba una presión de grupo y facilitaba la incorporación de la culpa frente a la posibilidad de dejarlo.

La joven también expresó que en este grupo de pares, donde compartía con su novio, había otro tipo de prácticas que los hacían cómplices o por lo menos más cercanos, donde se generaban algunas lealtades; como el consumo de sustancias tales como alcohol u otras psicoactivas, y ella justificaba muchas veces las agresiones, por los efectos de las sustancias, lo que de alguna manera lo libraba de responsabilidad. Además, siempre se ponía de manifiesto, según ella, que el amor era más fuerte y poderoso que las agresiones. Esta situación sumada a los cuadros de maltrato vividos en su familia y que se describirán en el siguiente acápite, hicieron que se perpetuara la violencia en la relación de noviazgo y que durante la ocurrencia de los hechos, estos no fueran vistos como censurables, porque además son los referentes de noviazgos en las parejas del sector donde vive. Situación parecida a la de la chica anterior, donde los hechos de violencia que se describen están inscritos en una cotidianidad y no como una situación aislada o como hechos traumáticos, tal como si puede ser en el caso de las dos mujeres de 44 y 50 años. En este caso, solo cuando la mujer se va de la casa paterna y empieza a compartir con otras personas y a tener otros amigos, empieza a reconocer como violencia las prácticas de agresión de su novio contra ella.

Respecto de los distintos hechos de violencia física descritos, se puede decir, inicialmente, que las mujeres violentadas no pidieron ayuda, guardaron silencio, dos de las mujeres no se apartaron de su agresor o agresora, dos mujeres todavía convivían con esta persona y permanecen en esta situación de zozobra. Al parecer, no es fácil romper lazos afectivos, que, aunque cada vez más deteriorados, desde su perspectiva, existen y saben que algo está mal, pero no tienen el coraje o, sobre todo, las condiciones para cambiar la situación. En el caso de la violencia de la mamá hacia la hija, no se trata de un castigo solamente, tal como haría un padre o una madre para corregir a su prole, sino que se trata de una venganza de mujer a mujer, si se permite el término. Donde la madre se siente en rivalidad con la hija por el amor de un hombre.

En las cuatro historias de violencia física, se encuentra que el eje estructurante, para que se diera la agresión tenía que ver con la condición de género de las víctimas. Los hombres se sentían con derecho a agredir a las mujeres, y las mujeres, por su parte, no se sentían sujetos de derechos o, por lo menos, no con el valor para reclamar y frenar las agresiones. De alguna manera, las mujeres incorporan la posibilidad de que la violencia contra ellas es un evento posible en su condición de mujeres y los hombres asumen que entre sus características viriles está la de agredir a las mujeres, en este caso, sus parejas.

La primera mujer se separa de su agresor y empieza un proceso de reconstrucción emocional; la segunda mujer reincide en la relación hasta el momento de la entrevista; la tercera mujer vive con su pareja, además estaba a punto de tener una hija y no tenía otro soporte económico más que su marido y como ella misma argumentaba, no tenía muchas oportunidades con una hija de 2 años y una bebé por nacer, además su familia considera que esta fue la suerte que ella buscó. En el caso de la cuarta mujer, ella ha tratado de alejarse de su familia alquilando una pieza y generando ingresos con trabajos temporales, pero la supervivencia no ha sido fácil y ha debido regresar a ese hogar. A continuación se tratará el tema de cómo eran las familias de estas mujeres víctimas de violencia física, con el ánimo de comprender cuáles fueron las formas de socialización primaria al interior de sus familias y conocer algunas formas de violencia que allí se presentaron.

# 4. Procesos de socialización de las mujeres violentadas

> Muy pocos problemas humanos se han visto tan transformados por el crecimiento y la evolución convulsivos de la sociedad moderna como el de la mujer.
>
> *Bruno Bettelheim* (*1981: 137*)

En los testimonios de las cuatro mujeres entrevistadas, ninguna de ellas da cuenta de haber tenido una buena relación con su madre; tampoco dan cuenta de que su mamá haya sido un referente de fortaleza, lucha, apoyo y comprensión. Por el contrario, la imagen que estas mujeres tienen de su madre es de debilidad, rivalidad o posible agresora. Sobre esta situación se ilustra a continuación un caso de maltrato de madre a hija, correspondiente a la chica de 19 años del Barrio Terrón Colorado, cuyo relato fue el último del acápite anterior. Ella cuenta que:

> Cuando tenía 12 años yo me iba a volar porque peleaba mucho con mi mamá, pero no pude porque me caí, me corté. Ella nos regañaba mucho y nos pegaba muy feo, nos cogía con unas cabuyas. Es que mi mamá es una persona muy malgeniada, muy jodida. Entonces ella cogía cualquier cosa, ella con lo que tenga al lado, con eso, le pega a uno. Ella es así; con palos, con mangueras, con lo que encontraba nos tiraba.

Esta mujer que maltrata a su hija ha sido a su vez víctima de violencia física por parte de su primera pareja: el padre de su hija, y posteriormente por su segunda pareja. Situación que se describirá más adelante. Según el relato de esta chica, pareciera que la madre desahogara sobre sus hijas la ira contenida que la opresión masculina ha generado en ella.

Aunque ya desde los años sesenta Simone de Beauvoir tuvo a bien enseñarle al mundo que "la mujer no nace, sino que se hace"; al parecer este aprendizaje ha resultado bastante difícil de asumir aún en los albores del siglo XXI. Hacerse mujer sigue siendo para muchas mujeres un aprendizaje difícil y en algunos casos hasta les ha costado la muerte; otras no saben que deben hacerse mujeres, creen que nacieron siendo. Hacerse ser humano, más que mujer, es para muchas mujeres una condición negada a su género. Hacerse mujer, como hacerse hombre, es un proceso social y cultural que, si bien está relacionado con características biológicas, este aspecto no es su determinante.

## 4.1. LAS FAMILIAS COMO PRIMER ESPACIO DE SOCIALIZACIÓN Y DE VIOLENCIAS

Considerando la familia como un primer espacio de socialización, se analizan aquí las familias de las cuatro mujeres víctimas de violencia física y cómo transcurrió su infancia. Primero, se debe tener en cuenta que, la familia como espacio de socialización primario donde sus integrantes incorporan ciertos comportamientos y formas de ser, no ha sido siempre la misma. "Tradicionalmente, el término romano familia se refería al conjunto del hogar y a todas las posesiones de un varón dirigente incluyendo su esposa, sus hijos, su ganado y sus esclavos." (Elias, 1998:212). De ahí deriva, entre otras cosas, el concepto de patriarcado, de la posesión que tiene el varón sobre todos los bienes, incluyendo en el inventario a los seres humanos. Las familias modernas han cambiado. Esto se nota desde su composición. Encontrándose familias donde la autoridad no reside solamente en los hombres.

El hombre manifiesta dominación sobre su familia, especialmente cuando es él quien tiene el soporte económico más importante de la misma. Esta situación genera dependencia de la mujer hacia él, entre otras cosas porque el rol de la maternidad supone para muchas mujeres la imposibilidad de autoabastecerse durante la temporada de embarazo, parto y lactancia, máxime si tiene hijos de seguido y no cuenta con el apoyo de la familia y, mucho menos aún, del Estado.

Sobre esto es interesante el siguiente fragmento de la chica anterior, donde describe por qué su mamá, al ser abandonada por su papá, establece una nueva relación de pareja. Aquí se ilustra la dependencia de una mujer hacia un hombre y la necesidad de encontrar un nuevo soporte que ayude con la subsistencia de la prole:

> Es que mi padrastro es como hermano de mi papá, hermanos de crianza. En ese tiempo mi padrastro estaba casado con una señora y luego mi papá se fue para Chinchiná. Volvió como a los dos meses y volvió y se fue y ahí fue cuando no volvió más. Entonces mi mamá se quedó sola, sin trabajo, endeudada en las tiendas del pueblo, éramos tres... tres mujeres. Entonces resulta que mi padrastro se separó de la mujer de él y se enamoró de mi mamá y al final terminaron viviendo juntos. Ya había pasado un año de que mi papá se había ido y no había vuelto. Entonces ellos terminaron viviendo juntos y, como a los tres años, tuvieron a mi hermanito Javier y después a Saulito, o sea que nosotros somos 5 hermanos: las tres mayores de mi papá y mi mamá y los dos menores, que son los varoncitos de la casa, son hijos de mi padrastro.

La joven no describe si su mamá se enamoró también de su padrastro. Pareciera que fuera suficiente con que su padrastro se hubiera enamorado de su mamá; al fin y al cabo, la mujer con tres hijas era quien necesitaba el soporte económico de un hombre y el amor o el afecto podrían llegar después. La mujer no desea. La mujer busca ser deseada y, tras el deseo, busca el apoyo, la protección y proveerse de lo necesario para el sostenimiento de su familia y de ella misma.

Según los relatos de las mujeres entrevistadas, sus familias esperaban sumisión por parte de ellas. Su proceso de crianza tenía como soporte más importante el hecho de que las mujeres fueran buenas en el hogar. El siguiente testimonio corresponde a la mujer que es madre adolescente y se constituye en un ejemplo de la sumisión que se esperaba de ella en su hogar y la transgresión a este rol esperado.

> Yo tengo una hermana y un hermanito. Yo no tuve una niñez muy bella, no, porque, como dice la gente, yo fui la oveja negra de la casa. Yo me iba y me pegaban, me pegaban mucho, a mí me prohibían que saliera. Lo más feo es que retengan a la mujer a hacer algo. Yo era una que mi mamá no me dejaba bailar, yo era niña, pero yo quería salir, yo me veía grande. Ya empezaba a divertirme. Yo era muy recorrida, en el sentido de que ando mucho y tengo muchas amistades, me invitaban a bailar, "¿qué, vamos a esta rumba?", yo me iba y mi mamá me traía del pelo. Entonces yo con más rabia lo hacía, a mí

> me prohibieron andar con él, yo creo que si no me lo hubieran prohibido, yo ni estaría con él...

En este fragmento también se describe el costo de transgredir el rol que su familia esperaba que desempeñara. En las familias de las mujeres entrevistadas se pone de manifiesto que se educa a las hijas de manera distinta como se educa a los hijos. Ellos sirven para unas cosas y ellas para otras. Se educa a las niñas para que de mujeres no ocupen los espacios masculinos. Una de las mujeres entrevistadas, la chica del barrio Terrón Colorado, refuerza esta idea de la educación diferenciada o discriminatoria con el siguiente testimonio:

> Mi mamá siempre me decía que me saliera de estudiar. Que estudiara de noche y trabajara de día, que yo en la casa no estaba ayudando para nada: "usted tiene que trabajar, ¿para qué estudiar?". Empezaron a construir la casa en madera, cuando estuvo lista, se fueron a vivir allá y yo me fui con ellos. Aparentemente todo iba muy bien, pero igual uno no tenía posibilidades de estudio. Yo me fui a trabajar otra vez, pero ya había hecho cuarto y quinto. Supuestamente, la relación con mi mamá iba mejorando, pero ya después empezó que no, que yo para que iba a estudiar sexto, que el estudio no me iba a servir para nada, que yo iba a salir con una barriga y todo el rollo. Bueno, yo me fui a trabajar en una casa de familia, una señora, Carmen, me consiguió un trabajo de niñera.

Sobre este asunto de la educación diferenciada entre hombres y mujeres, Bruno Bettelheim nos expone más claramente una diferencia significativa. El siguiente fragmento es de un ensayo realizado sobre la sociedad norteamericana de la segunda posguerra, donde el autor plantea que,

> Puede que estudie la misma física y la misma historia que estudian sus compañeros, que trabaje unas horas al día en empleos que no se diferencien demasiado de los de los chicos, que comparta con estos muchas inquietudes políticas y sociales. Y entonces nuestro curioso sistema insiste en que se "se enamore" de un posible marido: de hecho, se espera de ella que goce renunciando a lo que puede haberle encantado hasta entonces y que de pronto se sienta plenamente realizada cuidando de un bebé, un hogar y un marido. (Bettelheim, 1998:139).

## 4.2. SUTIL IMPOSICIÓN DE ROLES FEMENINOS

Cuando una mujer sale de la casa paterna, excepto para casarse, se considera que está alejándose de su rol y empieza a correr ciertos riesgos. En el caso anterior, por ejemplo, se le auguraba a la chica que podía quedar en embarazo al relacionarse con otras personas en su rol de estudiante; es decir, no se ve que la mujer pueda progresar a través de la educación, sino que esto la aleja de su deber ser de mujer. Es tan fuerte esta impronta del deber ser que, de hecho, cuando la joven busca trabajo, lo hace en funciones esperadas para su género, como empleada doméstica o niñera.

Al respecto, Bourdieu describe la valoración moral y social de ciertas prácticas en las sociedades en el Norte de Argelia, según sean desempeñadas por hombres o por mujeres. Como lo seco, alto, breve, peligroso y espectacular constitutivo de los hombres, y lo húmedo, bajo, lento y prudente, privado y oculto constitutivo de las mujeres. Al respecto, resulta interesante preguntarse por qué a ciertas prácticas de fuerza se les valora positivamente y a las de tacto y delicadeza, negativamente. Como si la historia de la humanidad mostrase que han sido más importantes la fuerza y la violencia que la inteligencia y la razón. De manera similar, se perpetúa la idea de que es más importante ser hombre que ser mujer, por los valores sociales que cada cual encarna. Sobre esto, miremos la situación que se presentó en la familia de la mujer, cuyo testimonio se viene analizando:

> Mi mamá cambió mucho cuando mi papá se fue. A pesar de que mi papá le pegaba...yo no me acuerdo... pero me contaron mis tías; es algo muy chistoso. Ellos no tenían problemas, pero resulta que cuando mi mamá quedó en embarazo de mí, él quería que yo fuera hombre, porque mi papá es muy machista. Aunque no lo conozco, eso me lo han dicho. Yo por ahí tengo imágenes de cuando él le pegaba a mi mamá, aunque yo estaba muy chiquita. Entonces resulta que cuando yo nací mujer, mi mamá llegó a la casa y dizque le pegó una golpiza. Mi mamá tenía el cabello largo, lindo, y sí, en las fotos aparece así. Él la cogió del pelo y le cortó el cabello. Eso fue lo que le dañó el carácter. Eso es lo que cuenta mi tía, porque ella de joven fue muy loca, a

> pesar de que la criaron como nos quería criar a nosotros, pero fue muy loca también. Dicen que ella y yo nos parecemos mucho, no sé.

En este testimonio se describe cómo el hombre juzga a la mujer por no haber parido un hijo varón, como si esto fuera un asunto deliberado de responsabilidad femenina; lo cual se puede describir como una actitud no solo sexista, sino ignorante. También se describe que el padre ostentaba poder sobre la mujer, no solamente al atacarla físicamente, sino al disponer de su estética, cortándole el cabello en un ataque de ira e impotencia. La hija creció viendo esta dominación de su papá sobre su mamá. La chica dice que es muy *loca,* haciendo referencia básicamente a que se divierte; sin embargo, este calificativo denota que ella misma lo juzga como si fuera algo prohibido y, finalmente, reconoce que, a pesar de tratar de salirse de su rol, termina pareciéndose a su mamá.

Las mujeres han aprendido o han asumido su rol de dominadas en la misma estructura androcéntrica en que los hombres aprenden su rol de dominantes. Lo que hace que las estrategias de ellas no subviertan el orden social establecido, sino que lo reproduzcan con distintos ropajes o apariencias, "las mismas estrategias simbólicas que las mujeres emplean contra las hombres... encuentran su fundamento en la visión androcéntrica en cuyo nombre están siendo dominadas" (Bourdieu, 2000:47). Hay un prejuicio desfavorable a lo femenino que las mismas mujeres reproducen y que algunas no logran desestructurar. Este tipo de comportamientos, se aprenden y repiten generacionalmente. Por lo general, el puente de enseñanza y aprendizaje que va de madres a hijas no muestra otras posibilidades de ser mujer, sino que fortalecen las tradicionales e incluso se dan situaciones propicias para la rivalidad y la competencia. Las madres desahogan con las hijas su incapacidad y su impotencia de transformación de ese pequeño mundo abusador, situación que aquí se ilustra, siguiendo con el caso de la misma mujer, la chica de 19 años del barrio Terrón Colorado:

> Con mi mamá siempre la relación ha sido muy mala. Sentía rabia, impotencia, le tenía mucho miedo, todavía le tengo miedo. Me pegaba por cosas tan insignificantes, pero igual me tenía que aguantar, porque es mi mamá

> e igual la respeto, pero yo no llamaría respeto a eso, sino miedo. A Andrea (una hermana) casi no le pegan, a Gloria (otra hermana) sí porque es muy malgeniada. Andrea ha sido muy juiciosa, ha sido la mata de la obediencia. A ella le dicen: "esto es rojo" y así sea negro, ella dice: "sí, esto es rojo mami". ¡Yo no!, pues si es rojo es rojo, mami, no es negro es rojo. Yo la admiro, es demasiado juiciosa, por esa parte, sí, pero, por otra parte, no, porque me parece conformista. Ella tenía un novio que quería mucho y mi mamá le dijo que le terminara y le terminó, algo que no pasó conmigo, yo tenía a Alex y me dijo que le terminara, ¿terminarle? Puede llorar...al principio nos veíamos a escondidas, ya después ella se dio cuenta y me dejó llevarlo a la casa y ella lo quiere, le tiene mucho cariño, dice que lo quiere como un hijo a pesar de que ya no está conmigo.

Este testimonio nos muestra no solo la reproducción del maltrato de madres a hijas, sino la valoración positiva que hay respecto de la sumisión de las hijas mujeres; la hija que acepte todo, aunque esté en desacuerdo será la buena hija, pero aquella que manifieste su punto de vista estará transgrediendo su rol, por tanto, será una mala hija. De otro lado, resulta paradójico que el novio despreciado por la suegra termine siendo tan querido como un hijo, según cuenta la chica.

Otra de las mujeres entrevistas, la líder comunitaria de 44 años, cuenta que fue criada por su padre y su hermana mayor, cuando sus padres se separaron y su papá quedó con la custodia de los 6 hijos. Su papá ha trabajado siempre haciendo pan, ella dice que fue un hombre responsable, pero que nunca les dio amor, que siempre les castigaba cruelmente y que esto, sumado a la ausencia de su madre, ha generado resentimientos y rencores en los 6 hermanos, lo cual se manifiesta en la forma en que viven. Una hermana, por ejemplo, le quemaba las manos en la estufa a su hija mayor cuando esta aún era una niña como una forma de castigo a alguna pilatuna.

Este testimonio devela, entre otras situaciones, cómo algunos hombres han sido educados para ser los proveedores materiales de la familia, de forma tal que muchas veces tienen dificultades para expresar el afecto con formas cariñosas a sus hijos e hijas. Quienes connotan esta situación de manera distinta; las mujeres entrevistadas manifestaron en las charlas informales, por ejemplo, que les hizo falta las expresiones afectuosas por parte de su padre, sin embargo, es posible que sea distinto para sus hermanos y hermanas.

Habría que pensar cómo se construyen otras formas de ser humano, donde el afecto y la sensibilidad no sean exclusividad del mundo femenino o donde esos atributos considerados femeninos puedan ser también propios de los hombres, puesto que la socialización masculina pocas veces pasa por ahí. Al respecto, Kaufman plantea que los hombres, aunque tienen grupos de amigos y aparentemente comparten más tiempo con ellos, tomándose unos tragos o haciendo deporte, nunca llegan a la intimidad y a la confianza que sí existe entre las mujeres. Dice también que entre hombres el afecto es, generalmente, manifestado en estados de embriaguez, pero no en su sano juicio. (Kaufman, 1997: 123-146).

## 4.3. CULTURA SEXISTA, MACHISMO Y PATRIARCADO

Desde Grecia antigua, con el concepto de patriarcado, se hace referencia al poder económico que tienen los varones sobre los bienes de la familia, dentro de los cuales se incluyen arbitrariamente también los seres humanos, es decir, la mujer y los hijos. Cuando se habla de machismo, se hace referencia a la exaltación de la personalidad masculina por sus características biológicas, por ejemplo, la fuerza y agresividad. De esta manera, no necesariamente un machista es un patriarca. Ni tampoco una mujer que aparentemente controle a su familia es una matriarca si no es poseedora de los bienes. Por tanto, es un error calificar como matriarcados ciertas sociedades o comunidades solo porque las mujeres son el centro de la familia. (Elias, 1998: 212).

En este sentido, se diría que en sociedades donde la autoridad de los hogares, especialmente en sectores populares, se apoya cada vez más solo en la figura femenina, no hay patriarcado pero sí machismo y sexismo, aunque el hecho de que cada vez más las mujeres pobres estén solas al frente de sus familias es una manifestación de una sociedad patriarcal, en tanto se concentra el poder económico y se excluye a las mujeres pobres de la posibilidad de poseer bienes.

En nuestra sociedad sexista, para que las mujeres sean valoradas positivamente, deben demostrar algo. Deben servir para algo, bien sea por su apariencia estética, por sus capacidades intelectuales o por sus funciones biológicas, no es suficiente que sea mujer. Por su parte, los hombres se valoran positivamente por ser varones, pero deben demostrar que lo son. Aunque haber nacido hombre les da a los varones un valor en sí mismo que les asegura un reconocimiento social positivo. Pero las mujeres deben ser bonitas, o muy inteligentes, o con una clara función reproductora en la comunidad; no es suficiente que sean mujeres. En un crudo testimonio, la mujer feminista habitante de un barrio de clase media, cuenta que incluso para ser objeto de vejámenes, se debe demostrar algo:

> ...en mi casa somos tres mujeres, mis dos hermanas fueron abusadas sexualmente por mi padre y yo no fui violada por él, mi problema es que yo me sentía tan fea y tan inservible que ni siquiera había sido objeto para que mi padre me violara...

Con este testimonio se pone de manifiesto que la construcción de afecto que su padre había hecho, estaba basada en el abuso sexual reiterado. Las hijas crecieron creyendo que el abuso sexual era la forma en que su padre les demostraba el afecto y, cuando una de ellas no fue objeto de abuso sexual, se creía a sí misma no merecedora de este afecto–abuso, porque no había demostrado ser lo suficientemente atractiva para su padre.

Muchas mujeres han crecido creyendo que las distintas formas de abuso, de maltrato, de violencia, son formas de expresar el afecto, porque es lo que han recibido desde pequeñas y cuando llegan a adultas no reconocen la diferencia con el maltrato; esto es lo que muchas veces se esconde detrás de la violencia física contra mujeres adultas y que de manera errónea se califica de masoquismo. Estas mujeres no encontraron durante su proceso de socialización otros referentes que les hicieran saber que el abuso no es afecto; tampoco tuvieron alguien que les mostrara la diferencia. Muchas veces las madres guardaron silencio por miedo, porque creían que estaba bien, porque no se consideraban con derecho de confrontar al padre o porque no tenían el suficiente coraje para defender a sus hijas. La misma mujer cuenta que:

> Mi madre fue una mujer supremamente débil. Que hizo todo lo necesario para que ese hombre no la dejara, mi padre, y yo pienso que funcionó mucho ese modelo de esa mujer débil, apenas casó, ¡pues!

Aunque latente, esta mujer sugiere que si su madre hubiera adquirido otro tipo de comportamiento, ella no hubiera aprendido patrones de sometimiento y de debilidad, sino de fortaleza y lucha. Pero lo que vio siempre en su madre fue una imagen de acatamiento y obediencia ante la autoridad masculina.

## 4.4. LA ESCUELA, LAS AMIGAS Y LOS AMIGOS

Otra característica de la discriminación negativa hacia las mujeres, ha sido la negación de derechos como la educación. No solo por la falta de cobertura estatal, sino desde la negación que sus propias familias hacen del mismo. Estudiar ha sido una actividad para la cual muchas mujeres no han estado destinadas, sus *destinos*, como dicen las abuelas, son los oficios domésticos. De manera que una mujer que estudie, estará en ciertos contextos transgrediendo roles. Al respecto, la misma mujer feminista cuenta lo siguiente:

> Me dieron estudio hasta segundo de bachillerato y mi padre consideraba que esto era ¡más que suficiente! A mis 17 años, una familiar lejana proveniente de Bogotá me entró a estudiar al SENA. Entrar a estudiar ahí me permitió ser secretaria. Estudiar siempre fue mi gran obsesión, no sé por qué, yo lo único que tenía claro era que tenía que estudiar, aun cuando en mi casa ni mi madre, ni mi padre tuvieron como meta que sus hijas estudiaran.

Se debe tener en cuenta que en la primera mitad del siglo XX en Colombia, las primeras mujeres que estudiaron podían obtener un título de "Educación suficiente" cuando llegaban al grado quinto de la secundaria, al considerarse que hasta ahí era lo que una mujer debería saber. El papá de esta mujer es un hombre de esta época. Es un campesino que vivió en los años donde la educación para las mujeres podía considerarse en un cierto tope como suficiente.

La educación es un espacio de socialización donde se adquieren conocimientos, donde se asumen nuevos roles; es un ámbito que aporta elementos para enfrentarse al mundo. La escuela como otra instancia de socialización ofrece elementos distintos a los de la familia. En la interacción que la educación permite, las mujeres se encuentran con otras mujeres y en algunos casos con otros hombres, distintos a los de su familia. Negarles la educación a las mujeres, es cerrar una posibilidad en la construcción de su identidad como mujer, como persona, como ser humano. Aunque esto parezca anacrónico, todavía hay muchas mujeres que no tuvieron acceso a la educación y niñas, que por distintos motivos no están estudiando, especialmente en los contextos más empobrecidos. También se debe tener en cuenta que los distintos patrones de comportamiento pueden ser reproducidos o cuestionados en los distintos medios de socialización, teniendo en cuenta que no solo recaen en el nicho familiar, sino en otros como la escuela, la calle y los medios de comunicación. Sobre esto la mujer de 19 años de la ladera ilustra lo siguiente:

> Hice unos amigos. Empecé a salir con unos muchachos de parche. Cambié mucho mi personalidad; dejé de ser la niña buena que siempre había sido, para convertirme en la niña que no quería estar en la casa, quería estar en la calle, refugiada en el vicio, en el cigarrillo, en el baile, en arriesgar la vida montando moto y en otras situaciones, para poder estar bien.

Esta chica describe que buena parte de su tiempo no lo pasaba en su casa, tampoco en la escuela, sino en la calle con sus amigos. Los grupos de pares son un espacio de socialización importante entre los y las jóvenes. Espacio en el cual se aprenden otros códigos de comportamiento, muchos de los cuales pueden reproducir los patrones establecidos desde la casa y la escuela, pero que también los pueden transgredir y construir otros. De la educación depende en buena parte que los hombres como las mujeres incorporen ciertas prácticas y comportamientos, que expresan un rol socialmente asignado. Pero la educación no se circunscribe a la escuela solamente.

Algunos de estos comportamientos aprendidos según el género son descritos por Bourdieu para el caso de las sociedades argelinas que analiza, pero que también puede encontrarse en lo aquí observado. Él plantea que los hombres saben cómo moverse, cómo caminar o qué postura adoptar para manifestar o dejar en claro su fuerza, su valentía, su virilidad. Por su parte, las mujeres saben que ciertas posturas denotarán su feminidad, léase fragilidad o delicadeza, y que otras menos suaves o más bruscas las estigmatizarán al ubicarlas por fuera de su rol. (Bourdieu, 2000:42).

Aunque también es usual escuchar en boca de algunos padres y madres de familia la importancia y necesidad de que sus hijas estudien y se preparen, esta necesidad es distinta para los hijos varones, lo que genera en las propias mujeres que no reconozcan en la educación un derecho o algo importante para sus vidas. Sobre esto así se expresó la madre adolescente:

> Me gustaría volver a estudiar, pero no me gusta el estudio. No me gusta, pero me toca, porque es una meta que le toca cumplir a uno para salir adelante. Yo no sé qué otra cosa me gustaría hacer, no sé, hasta ahora no he pensado.

En el caso de esta chica, quien es madre en la adolescencia, su rol femenino está signado por su maternidad, de manera que no conoce otras formas de ser mujer, sino aquella que la biología le ha impuesto. La educación en los hombres refuerza valores, pero, para el caso de las mujeres, muchas veces se plantea como que no debe afectar su feminidad equiparada con debilidad. En palabras de Bruno Bettelheim:

> A los varones no les cabe la menor duda de que su educación tiene por fin ayudarles a triunfar en su madurez, permitirles conseguir algo en el mundo exterior. Pero a la muchacha se le obliga a creer que debe recibir exactamente la misma preparación solo porque puede necesitarla en el caso de fracasar, de ser una desgraciada que, por uno u otro motivo, no pueda entrar en el refugio del matrimonio y la maternidad, es decir, en el sitio que le corresponde. (Bettelheim, 1998:140).

Aun en casos de mujeres educadas y con condiciones económicas estables, la discriminación está presente y se manifiesta en la latente imposición de roles sociales. "No importa lo dotada que esté para su trabajo, ni que haya aprovechado brillantemente su educación: a una mujer se la considera una fracasada sino se casa joven" (Bettelheim, 1998:140).

Después del análisis e interpretación de estos testimonios, se puede afirmar que desde las relaciones y estructuras sexistas se construyen unas ciertas formas de socialización donde las mujeres aprenden la sumisión y difícilmente reconocen formas de transmisión del afecto basadas en el respeto y el reconocimiento. Las mujeres que aquí comparten sus testimonios no han sido educadas como individuos con autonomía y derechos, se han hecho mujeres entre amores y moretones. Son mujeres criadas en familias que no enfatizaron en el respeto y la no violencia, sino que, por el contrario, algunas fortalecieron el paradigma de que en medio de la violencia física hay ciertas formas de afecto, que finalmente la mujer acepta como parte del mismo y no como su patología.

A continuación se presenta el proceso mediante el cual estas mujeres hicieron vida de pareja con quienes fueron sus victimarios. La intención es tratar de reconstruir la forma en que se dio la convivencia antes de que apareciera la violencia física. En el caso de las mujeres de 44, 50 y 14 años se trata de su pareja estable o marido, y en el caso de la mujer de 19 años se trata de su novio.

# 5. Vida de pareja en las mujeres violentadas

... a juzgar por el torrente de reportajes informativos sobre violencia doméstica, bien parece que el matrimonio fuera camino de convertirse en una de nuestras instituciones más peligrosas.
*Lucía Etxebarria* (2000:105)

Este capítulo nace de una pregunta que puede ser considerada sencilla, aunque su respuesta resulte bastante compleja. Se trata de averiguar por qué las violencias hacen parte de algunas relaciones de pareja y por qué las mujeres se encuentran en una situación de subordinación respecto de los hombres en tales relaciones. Es la pregunta que da origen al título: ¿por qué algunas relaciones de pareja van de la intimidad a la opresión? También se considera que no todas las mujeres están expuestas a ser agredidas; sino, sobre todo, aquellas cuya imagen personal o la valoración sobre sí mismas está afectada negativamente por distintas razones, muchas de las cuales se vieron en el capítulo anterior y que, en su mayoría, tienen que ver con el proceso de socialización; de hacerse mujer. Proceso en el que las familias como instancia básica de socialización tienen una incidencia importante, pero también la escuela y los grupos de pares, tal como se vio.

En el transcurso de este acápite se describe el proceso mediante el cual las cuatro mujeres que ofrecieron su testimonio fueron construyendo relaciones de pareja. También se describe cómo la violencia física fue haciendo parte de su relación de pareja sin que ellas lo notaran, e, incluso, cuáles situaciones de violencia pudieron haberse prevenido según los contextos en que se presentaron, pero que en su momento las mujeres no detectaron.

Como marco de referencia se tiene en cuenta una revisión general de lo que se entiende por los sentimientos y cómo es que ellos hacen parte o no de las relaciones de pareja. También se hará una breve revisión de lo que significa formar pareja en la modernidad, y cómo las relaciones de pareja son o pueden llegar a ser relaciones de dominación.

En primera instancia, se puede decir que en el moderno mundo occidental, las relaciones de pareja han sido y son una interacción social fruto del ideal del amor. Pero esto no ha sido así para todas las sociedades humanas. Ya varios estudios antropológicos, como los de Margaret Mead, han mostrado que la personalidad es también producto de la cultura y que las relaciones que surgen de una unión marital no necesariamente surgen del amor, sino de la conveniencia, entre otras cuestiones.

En el siguiente fragmento, la joven del barrio de ladera, explica cómo en su lugar de procedencia, correspondiente a una zona rural del norte del Departamento del Cauca, algunas veces los matrimonios son acordados por conveniencia entre las familias del novio y la novia. En su caso, especialmente su mamá y su padrastro, querían que ella se casara con un cierto hombre porque le convenía a la familia, pero ella no aceptó esta imposición de pareja, a pesar de que su familia se ha caracterizado por ser maltratadora con ella, sin embargo, la dominación no llegó hasta el punto de mandar sobre sus sentimientos.

> Me vine porque allá todavía se arreglaban los matrimonios. Una gente rica tenía un hijo y lo querían casar con una pelada juiciosa y todo el cuento. Y, pues, a nosotras siempre nos enseñaron muchas cosas. A ser juiciosas, a cocinar, a barrer, a hacer los oficios de la casa, decían que el estudio para qué, si uno se iba a casar, a tener hijos, si iba a vivir para siempre así: ¡La familia feliz! Pero resulta que yo no estaba muy de acuerdo con eso, porque yo siempre he sido muy independiente. Desde niña yo he sido muy rebelde, se puede decir que a mí no me gusta que me impongan las cosas así. Si me dicen haga esto, me tienen que dar razones y si no me dan razones yo no las hago, y mi mamá: ¡Que me tenía que casar!

Al respecto, en el ensayo *¿Qué son y qué se sabe de los sentimientos?* José Antonio Marina plantea que los sentimientos están culturalmente determinados. (Marina, 1997: 149-171). Esto quiere decir que el amor no es un sentimiento universal, sino que se construye según costumbres y prácticas concretas en cada grupo humano. En algunas sociedades, por ejemplo, se ha considerado que las uniones de pareja deben hacerse por conveniencia, especialmente para la mujer y su familia; sin embargo, hoy día no es común encontrar este tipo de arreglos entre nosotros.

En los procesos de socialización los sentimientos también son educados; no son innatos. Pasan por el filtro de la cultura, de la educación, de la familia, de la sociedad. Los seres humanos pueden expresar sus sentimientos según la forma en que hayan sido educados para esto. En el caso de las relaciones de pareja, es esperable que estas se establezcan como producto del enamoramiento y de la atracción mutua. En el caso de las cuatro mujeres de esta investigación, sus parejas no han sido impuestas por sus familias sino que ellas han tenido la posibilidad de elegirla, tampoco se trata de uniones por conveniencia económica, sino que, en su mayoría, se trata de uniones por afecto, como la que describe la mujer feminista en este caso:

> Él empezó a ir a la casa. Yo me acerqué a él. Yo me le declaré. Le dije que él me gustaba y él me dijo que no sentía ninguna atracción por mí. Pero empezó a ir a la casa y se quedaba. Yo estaba accidentaba y enyesada. Yo le organizaba un colchón al lado de mi cama. Esa noche que me le declaré también se quedó en la casa y yo le dije: "Bueno está bien seguimos de amigos".

En este fragmento no solo se manifiesta la libertad de elección de pareja, sino también cierta madurez por parte de la mujer para aceptar que el hombre no gustaba de ella, lo que pudiera considerarse como un acto de autonomía por parte suya y como un rasgo característico de las parejas en el mundo moderno, las cuales suponen también otros aspectos. Según Giddens, las relaciones de pareja en la modernidad representan una nueva posibilidad de competencia, porque las mujeres empiezan a escalar peldaños antes reservados exclusivamente para el mundo masculino, lo cual genera cierta inestabilidad en los hombres y, por tanto, la necesidad de asegurar lo que por tradición le ha pertenecido. La vida de pareja forja una nueva identidad tanto para los hombres como para las mujeres, de manera que "todo aquel que se "despareja" de su anterior esposo o esposa afronta la tarea de establecer un "nuevo sentido del yo", un "nuevo sentido de identidad" (Giddens, 1.995:22). En el siguiente testimonio de la mujer feminista se ilustra uno de esos casos donde el rol tradicional de hombre y de mujer ha cambiado, de manera que el hombre pudiera sentirse desplazado de su lugar de dominación aprendido. La mujer dice:

> Yo era la que hacía las propuestas. Yo era la que tomaba las decisiones. Yo era como la que manejaba "las riendas" de las situaciones y de la relación durante los primeros 5 años. Aunque él era un hombre denso, yo era una mujer que manejaba mi tiempo, mi espacio. Él se quedaba con el niño. El rol de padre siempre lo jugó, él con eso no fue machista. Él cambiaba a su hijo, lo bañaba, yo me sacaba la leche y le dejaba el tetero. Los viernes yo le decía: "mira me voy a quedar tomando cerveza" y él me decía: "¿Le paso la aldaba a la puerta?" Y yo le decía:"sí, yo no llego, llego mañana temprano" ¿Sí? Pero pienso que era porque él dependía de mí. Él prefería eso a dejarme y quedar en el aire, porque él no tiene familia ni tiene nada.

La mujer cuenta que esto fue así durante el tiempo en que ella era la proveedora económica más importante en su hogar, pero cuando la situación económica de la pareja cambió, también se presentó un cambio en lo que se podría llamar el manejo de poder. Como plantea Giddens, es posible que las relaciones de pareja fundadas sobre el pilar del amor elaboren, con el paso del tiempo y con la experiencia de la convivencia, otro tipo de situaciones como la competencia, la rivalidad y el desafío, construcciones sociales que pueden implicar distintos niveles de conflicto; conflictos que pueden desembocar en violencia.

También se debe tener en cuenta, como se abordó en el capítulo anterior, que la educación aún es sexista, es decir, que educa de manera distinta a los hombres y a las mujeres y que la sociedad machista no ha permitido que los hombres expresen abiertamente su sensibilidad, porque esto puede ir en detrimento de su virilidad, y les siguen educando para que ostenten fuerza. Con el siguiente testimonio de la mujer feminista se ilustra una situación donde un hombre es incapaz de expresar sus sentimientos y cree que es por la fuerza como debe acercarse a una mujer; la mujer por su parte, aunque es vulnerada, finalmente acepta la relación, aunque posteriormente esto generará un choque.

> Esa noche, cuando menos pensé, me desperté y él me estaba bajando la ropa interior. Los calzones, pero era una cosa violenta y yo lo admití y ahí nació la relación entre los dos. Desde el principio me debatí en una contradicción grande, porque no era lo que yo quería, había algo que no funcionaba bien, no me gustaba su manera de amarme, yo me sentía mal, pero él ejercía una enorme manipulación sobre mí, muchísimo...

En este testimonio se destaca que la mujer acepta la relación sexual violenta porque finalmente va a tener relaciones sexuales con el hombre que le gusta. Si cruzamos esta información con la obtenida en el capítulo anterior, donde esta misma mujer cuenta que sus hermanas fueron abusadas por su padre y que ella se sentía menospreciada por no tener ese abuso sexual que en su momento infantil entendía como afecto paternal, se puede decir que la valoración que ella tiene de sí misma está bastante deteriorada y que creció viendo que la violencia sexual era una forma de expresar el afecto, lo cual puede hacer que acepte esta situación de abuso aunque le resulte, por lo menos, incómoda. Como se ha planteado en varias ocasiones, no se trata de un caso de masoquismo, sino de una cierta forma de haber sido educada.

Aquí se puede observar que estas relaciones de pareja no han estado basadas en la equidad, no hay reconocimiento del otro en tanto ser humano, sino en tanto sujeto u objeto, es decir, alguien que se puede sujetar o alguien que se puede manipular. Esta misma mujer expresaba que no se consideraba como un individuo en igualdad de condiciones y derechos frente a su pareja, porque él no la veía como un "otro", es decir, como un otro igual a él. Se trata de la misma mujer cuyo marido le fracturó el cóccix, como se vio en el primer acápite. Ella considera que los ataques perpetuados por su agresor tienen su asiento en la percepción qué él tiene o tenía de ella. Solamente cuando ella fue el soporte económico tuvo más poder que él, pero una vez equiparada esta situación, es él quien tiene el poder en la familia y en la relación; por tanto, debe demostrarlo y lo hace mediante la violencia física contra ella.

De otro lado, en las relaciones de pareja, a diferencia de otro tipo de relaciones, cumple un papel fundamental la sexualidad, entendida como la expresión y el posterior encuentro de la identidad femenina y masculina, teniendo en cuenta aspectos tanto biológicos como culturales, no reducida a lo genital, sino a todas las posibilidades de erotismo, sensualidad, encuentro, seducción e intercambio, como transmisión del afecto y exploración de la corporalidad consigo mismo y con la otra persona.

La sexualidad, por tanto, también es una construcción social. Hombres y mujeres amarán y expresarán su sexualidad de acuerdo con lo aprendido. A partir de la vivencia de la sexualidad de pareja, tanto hombres como mujeres hacen proyectos con el ser amado, se imaginan una vida, sueñan con ciertos ideales, más aún, idealizan el amor y la vida misma. La sexualidad también se basa en el uso y manejo de la corporalidad y sensualidad tanto femenina como masculina, en las decisiones previamente concebidas, analizadas, pensadas, no solo fruto de la espontaneidad. Usos y manejos que son acuñados por la sociedad y la cultura.

De otro lado, existen otros sentimientos que cohesionan y que pueden ser tan fuertes como el llamado amor. Pareciera que las mujeres entrevistadas se sintieran las responsables de salvar a los hombres, a sus parejas, es como si sintieran que tienen la capacidad de darles todo el amor que sus familias o la sociedad les ha negado por la imposición de un cierto patrón de masculinidad y que con ese amor lograrían que ellos cambiaran. En el siguiente testimonio, esta misma mujer de 50 años, reconoce que su relación de pareja no se fundó sobre el amor, pero ella mantuvo la relación.

> Yo pienso que él vio en mí una tabla de salvación, él vio en mí una mujer organizada, trabajadora, inteligente, que le iba a dar una estructura. Sé que él no me amaba, era una relación de dependencia, yo sentía que ese hombre me necesitaba y como que yo iba a salvar ese hombre. ¿Sí? Yo creo que era más ese impulso de salvarlo, porque él me contó la historia de su niñez, no sé. La relación nunca fue buena, yo no recuerdo haber tenido un día tranquilo en la relación con él. Viví con él 12 años, siempre fue una relación tensa, siempre fue un hombre conflictivo, nunca había un día de armonía con él,

> nunca, yo siempre me sentí muy mal y a los pocos días de vivir con él, yo no quería vivir con él, pero él me agarraba con ese discurso y me manipulaba.

De otro lado, esa responsabilidad que sienten las mujeres sobre el cuidado de los hombres les fortalece la esperanza de establecer con ellos un hogar anhelado que también deberán proteger a cualquier costo. En el siguiente testimonio, la adolescente embarazada describe que al quedar en embarazo de su novio, automáticamente esto hizo que se pensara en un proyecto de hogar, de nueva familia, de vida nueva, quizás porque no tenía un proyecto propio de vida o quizás porque el proyecto era justamente ese.

> Cuando yo salí en embarazo, el papá dijo que era mejor que no viviéramos juntos, que era mejor que yo viviera en mi casa y él en la suya. Yo como mujer embarazada le cogí rabia a él, porque yo decía que me tenía que ir a vivir con él, porque en mi casa me habían dicho que donde yo saliera en embarazo yo me tenía que ir, pero en la casa de él no querían que él saliera de la casa, él me pagó una pieza lejos de aquí, nosotros ni veníamos por acá.

En este caso, se destaca que esta mujer hizo pareja con un hombre presionada por el embarazo. A diferencia del caso anterior, no hubo un proyecto previamente planificado, se debe tener en cuenta que en este caso se trata de una adolescente de 14 años; tampoco hubo un periodo largo de noviazgo, sino que como dice ella misma, "las cosas se fueron dando".

En esta relación de pareja no se tuvieron en cuenta otros aspectos, como el económico y la estabilidad emocional para formar pareja, solamente el embarazo, situación que presionaba a que automáticamente se debería formalizar una pareja, por lo menos así lo esperaba ella. Se debe tener en cuenta que ella es una adolescente en un barrio de estrato bajo, donde las oportunidades de los jóvenes, particularmente de las mujeres, son más bien pocas y tener hijos y pareja puede ser un buen proyecto de vida, según ellas, en este contexto carencial.

Aunque los sentimientos se educan, este proceso puede no ser consciente. Puede ser aprendido por reflejo, es decir, las mujeres y los hombres aprenden sus sentimientos en las vivencias de sus familias, pero no como un proceso explícito. También se enseña a negar ciertos sentimientos, a considerarlos como algo negativo o pecaminoso, de lo que no se habla, se supone que ya se sabe de qué se trata, se podría decir que si los hombres no saben expresarlos, para las mujeres víctimas de distintas violencias no es fácil hablar de ellos. Al respecto veamos el análisis de los sentimientos que hace José Antonio Marina:

> Los sentimientos han sido considerados como una zona oscura, misteriosa, irracional, de la que había que desconfiar, y que era imposible educar. Fíjense ustedes que la palabra que en griego significa sentimiento –pathos— ha dado origen en castellano a la palabra patología, que significa ciencia de las enfermedades. De manera que hemos pensado nuestra vida sentimental como peligrosa, oscura, indomeñable, oponiéndola a la razón, que es el ámbito de la claridad. (Marina, 1997: 151).

Pareciera entonces que los sentimientos cobraran vida propia y se convirtieran más en una enfermedad que se debe padecer y frente a la cual no hay nada que hacer, simplemente están ahí. Tanto hombres como mujeres en relaciones de pareja, donde posteriormente se presentó la violencia, experimentan otro tipo de sentimientos que tienen más que ver con la competencia y la rivalidad, donde el afecto se fue desdibujando. También hay aceptación, sometimiento, victimización.

En una relación de pareja donde hay sometimiento por parte de la mujer, es difícil que la iniciativa de terminarla venga por parte de ella. Bien sea por la fuerza fáctica o por la manipulación emocional, el hombre encuentra argumentos para perpetuarla, como lo describe la mujer de 50 años:

> El trato conmigo cada vez era más violento, más agresivo, más opresor, más asfixiante. Entonces yo le planteé que me iba a separar de él, que yo me quería separar de él, que yo definitivamente ya no podía vivir con él, pero él no admitía. El hombre se vuelve un celoso obsesivo.

En una relación de pareja donde la violencia se exacerba las mujeres experimentan en sus relaciones de pareja situaciones y sentimientos similares a los vividos en su familia original. Donde sus madres promovieron la sumisión y la dependencia y sus padres estimularon la aceptación del poder del hombre.

En la relación de pareja idealizada se espera reciprocidad, hay entrega a cambio de amor; sin embargo, en el caso de mujeres que han sido víctimas de la violencia física, puede notarse que el ideal del amor difícilmente se concreta en una experiencia de vida. En el caso de los testimonios revisados, las relaciones de pareja de estas mujeres tienden a parecerse. En el siguiente testimonio de la madre adolescente, se encuentra un relato que bien pudiera pertenecer a cualquiera de las otras tres mujeres.

> Las veces que hemos peleado él llora. De novia yo le creí, pero ahora yo dejo que pase una semana, así, un tiempo para que él recapacite, él siempre me dice que no lo va a volver a hacer, y mutuamente decimos que los dos vamos a cambiar, siempre decimos lo mismo, pero sinceramente yo no quiero vivir más con él, él también dice lo mismo, pero vuelven y se dan las cosas, entonces es como una costumbre.

Las mujeres entrevistadas construyeron unas relaciones de pareja que les hicieron daño y, sin embargo, se quedaron por mucho tiempo ahí, algunas incluso la mantienen. Todas iban en busca del amor, de ese amor idealizado, pero en la búsqueda se encontraron accidentalmente con otro tipo de situaciones que a primera vista riñen con el amor, por lo menos con el respeto por la otra persona. Una mujer que ha estado en una situación de violencia con su pareja, quiere separarse, pero está presa del miedo, un miedo que inmoviliza; además, en el caso de la adolescente embarazada, no considera que pueda hacer una vida sola, sino siempre en función de un hombre, como lo describe aquí:

> Hasta ahora no he tenido otros hombres, yo digo que el día que yo tenga otro hombre ya no será lo mismo, ya me dará lo mismo acostarme con otro, otro, y otro, eso es lo que más me da miedo.

Es posible que esta mujer esté atravesando por una etapa de su ciclo vital donde el amor está aún mucho más idealizado y quizás ella sueñe con el príncipe que eternice sus quince primaveras. Además, sin haber tenido otras relaciones de pareja, está asumiendo roles de adulta como ser madre y esposa, para los cuales no estaba preparada y posiblemente por estas características manifiesta su prevención de no querer estar con otros hombres.

Por otro lado, las mujeres que ofrecieron su testimonio mantuvieron su relación de pareja con la esperanza de que fuera algo diferente, algo satisfactorio según lo esperado, sin embargo, esto no llegará, por lo menos al momento de haber recogido los testimonios. Al respecto, es interesante el análisis que el psiquiatra Aaron Beck citado por José Antonio Marina, presenta sobre el caso de mujeres que, siendo víctimas, experimentan un sentimiento de culpa y que se parece a lo que aquí se estudia:

> "...Beck se dio cuenta de que a su consulta acudían muchas mujeres que habían sufrido fracasos familiares en los que habían sido víctimas, y que se encontraban muy deprimidas y con profundos sentimientos de culpabilidad. Esto no le parecía congruente, porque estaba claro que eran víctimas y no culpables. Al analizar la situación con más detenimiento, se dio cuenta de que estas mujeres tenían una creencia básica no explícita que podía formularse poco más o menos de la siguiente forma: "Quien da amor, recibe amor". "Si yo soy suficientemente agradable, suficientemente inteligente, atractiva o buena, me van a querer". Esta creencia va a funcionar como la primera premisa de un silogismo construido espontáneamente. El fracaso familiar funcionaba como segunda premisa: "No me quieren." A partir de la cual la conclusión estaba clara: "Luego no he querido lo suficiente, no soy inteligente, no soy buena, no soy atractiva." Conclusión que culpabiliza a la víctima." (Marina, 1997: 163).

De otro lado, pareciera que solo con el tiempo y la distancia este tipo de relaciones de pareja aparecen como extrañas o patológicas. Generalmente, no son socialmente mal vistas, sino que aparecen como normales, por lo menos ante los ojos de la familia y amigos cercanos, todo estaba bien. El espacio del hogar se recubre del manto de lo íntimo y las relaciones de pareja donde el hombre manda, ordena, domina, doblega y calla a la mujer es una relación esperable, de igual manera se esperará de la mujer un comportamiento sumiso, de comprensión hacia el hombre y de aceptación frente a esta realidad. Esto pasa a pesar de que las mujeres involucradas en este tipo de relaciones saben que esta situación les molesta, pero como ya lo ilustró Marina, parece que los sentimientos no fueran asunto de la razón.

Como en el ejemplo del antiguo Estado romano de Norbert Elias, la mujer feminista reclama ser reconocida como individuo por parte de su pareja. Sin duda, la existencia de este tipo de comportamientos agresivos de algunos hombres contra algunas mujeres dan cuenta, por un lado, de una cierta masculinidad promovida bajo la creencia infundada de que el hombre es más poderoso que las mujeres acudiendo a su condición de macho, de otro la de una cierta feminidad que promueve la fragilidad y dependencia en las mujeres, estereotipos de hombre y de mujer que finalmente no permite avanzar por el camino de nuevas y modernas mentalidades basadas en el respecto y el reconocimiento.

Con esta breve descripción se espera contribuir a la comprensión de las relaciones de pareja que establecieron las mujeres violentadas. Estas relaciones de pareja, aunque basadas en un principio en el amor, no desarrollaron el respeto y el reconocimiento de las mujeres como un otro en igualdad de derechos.

Es posible que después de este recorrido se encuentre que había toda una serie de situaciones proclives para que la violencia física se presentara y que hubieran podido prevenirse. Puesto que hubo algunas expresiones no manifiestas de la violencia y solo se exponen ahora para el análisis, pero que difícilmente quienes estaban directamente involucradas en la situación podían ver.

Lo que se ha querido mostrar hasta ahora, es que, si bien, los distintos hechos de violencia física contra las mujeres fueron propinados en una situación específica, es posible que no fueran eventos aislados, sino que hacían parte de un trayecto de vida.

En el siguiente acápite se esbozarán las distintas reacciones de las mujeres después de los hechos violentos. Cómo los han resignificado, qué ha pasado con sus vidas, cuál ha sido el impacto en su ciclo vital y cómo influye esto en la crianza de sus hijos e hijas.

# 6. La vida de las mujeres después de las violencias

Independencia

Quiero cortar los hilos del pasado.

Empezar a tejer de nuevo. Te espero conmigo,

Pero fuera de mí.

*Cristina Toro.* (2001: 113)

Después del maltrato, de la humillación, de un cóccix fracturado, de una herida abdominal, de una cirugía en el brazo, de una boca reventada, de un ojo morado, de una taza de café caliente arrojada a la cara o de una bofetada, la vida de estas cuatro mujeres ha sufrido una alteración. Quizás el silencio haya sido el cómplice por mucho tiempo para que se perpetuara las violencias contra ellas o, en otros casos, quizás fue una medida de protección para prevenir nuevos ataques, pero sin duda existen efectos psicológicos, físicos, emocionales y cambios en los comportamientos, en las formas de relacionarse, en las actitudes con los hijos e hijas; en general ha habido un proceso de alteración del ciclo vital, que a continuación se describirá.

El siguiente aparte es un intento por comprender cómo se ha visto afectada la vida de las mujeres después de los hechos de violencia física. Algunos de los subtítulos que encabezan los siguientes enunciados son frases textuales de las mujeres entrevistadas, que se han usado al considerar que recogen su percepción de lo que ha pasado en sus vidas después de haber experimentado la violencia física en sus relaciones de pareja o en sus familias. El siguiente testimonio corresponde a la mujer de 19 años.

## 6.1. ME CUESTA QUERER A LOS DEMÁS

> Yo me he vuelto muy dura, a mí me cuesta mucho querer a los demás, me cuesta mucho demostrar el afecto, a pesar de que a veces me apego con facilidad de determinadas personas, a veces también me cuesta mucho ser sincera y demostrar lo que verdaderamente soy porque cada que trato de demostrarle cariño a algún pelado, me cambian por otra.

La inseguridad para expresar el afecto y para identificar cuándo se lo ofrecen con sinceridad, la dependencia afectiva de otras personas y la baja autoestima al creer que puede ser reemplazada en la relación de pareja por otra mujer, son algunas de las características en la dimensión psicoafectiva de esta mujer que han resultado alteradas con la violencia física. Ella con, diecinueve años, cuando muchas chicas están pensando en formar pareja y tener amigos, tiene un profundo miedo de relacionarse con los demás; aunque en esta etapa muchos jóvenes y adolescentes pueden ser inestables emocionalmente, ella le atribuye su inseguridad a la violencia recibida. Tratando de identificar cuándo empezó esta situación, ella describe lo siguiente:

> Yo pienso que el maltrato empezó en la niñez y en la juventud se dio mucho más. Porque ya no solo era mi padrastro el que me manoseaba cada que quería, sino que mi mamá me maltrataba de una manera muy cruel y aunque ahora yo cambié, de todas maneras, hay cosas que no he podido superar y que creo que nunca podré superar.

Después de ser abusada sexualmente por su padrastro y ser maltratada y humillada por su madre, posteriormente esta chica es golpeada permanentemente por su novio. Ahora que ella hace un alto en el camino para hablar de su situación, reconoce que la violencia de la cual ha sido víctima no apareció de repente, sino que tiene sus razones en la infancia y la adolescencia, a la que llama "la juventud", puesto que solo tiene diecinueve años. Esta chica siente que debe hacer un proceso que la ayude a superar los distintos efectos de la violencia, pero duda profundamente de que esto sea posible. Ella trata de hacer un análisis al respecto:

> Desde mi punto de vista, yo creo que esta historia se repite no solo en el campo, sino también en la ciudad. Cuando no se vive con el papá o cuando no hay buenas relaciones en la familia, el maltrato a la mujer es algo que se da mucho. Que a veces las mujeres mismas permiten eso o a veces son las situaciones económicas y el cómo por aparentar estar bien dejo que me maltraten, me manipulen de una manera muy extraña.

En este breve análisis, ella reconoce que en todo caso la violencia contra la mujer es un fenómeno multicausal y que cruza los distintos escenarios sociales, cuando dice "no solo en el campo, también en la ciudad", hace referencia a que vivió la violencia intrafamiliar en esta zona rural y quizás pudiera creerse que por las relaciones familiares tradicionales que son proclives al autoritarismo paterno las agresiones fueran más comunes allá, pero contrario a lo que esperaba, ella encuentra que en la ciudad las cosas no son distintas, donde también se presentan relaciones de autoritarismo e intolerancia al interior de las familias.

A lo que ella llama que las mujeres mismas permiten eso, es lo que Bourdieu calificaría como tener incorporada la dominación simbólica. Es algo que se ha incorporado en la socialización femenina, la cual se da en la misma estructura androcéntrica de los hombres y se confunde con masoquismo. Otra variable que, según ella, incide en la violencia contra las mujeres es la presión económica de las familias. Es posible que haga referencia a esto, puesto que al vivir en un barrio de estrato bajo y estar constatando a diario hechos de violencia física contra las mujeres, le hagan suponer una relación causal entre pobreza y violencia contra las mujeres, sin embargo, como se ha visto en otro testimonio y se verá, más adelante, esto no necesariamente es así.

El silencio aparece de nuevo como cómplice, cuando reconoce que aparenta estar bien. Quizás porque no considere que tenga mucho sentido expresar su situación, puesto que de alguna manera ha aprendido a vivir con ella y no tiene muchas esperanzas de que cambie, además porque no ha aprendido a hablar de lo que le pasa; la situación femenina en su familia siempre estuvo relegada o no tenida en cuenta como algo importante. Situación que no es exclusiva de su familia, según ella misma logra identificar, tal como lo describe en el siguiente fragmento donde se refleja la cotidianidad de un sector de su barrio Terrón Colorado:

> Algo que sucede acá en Puente Azul[1], es que más de una pelada, de pronto por un enamoramiento falso, se sale de estudiar, de la capacitación. No se educa y entonces ya empieza a depender de un hombre para que la vista o para que le dé las cosas necesarias, la comida, o se deja embarazar a corta edad. Yo creo que esos son factores que influyen mucho en cuanto al maltrato. Acá se da eso porque primero que todo no hay oportunidades, segundo que todo, cuando las hay, las peladas no las aprovechan, eso se da mucho.

La maternidad se puede consolidar como el futuro, si no deseado, por lo menos si esperado o asignado para algunas mujeres, y educarse puede no ser una prioridad en un sector empobrecido donde la educación no necesariamente asegura movilidad económica; estas situaciones pueden generar un ambiente propicio para que la dependencia hacia un hombre por parte de algunas mujeres se dé sin mayores trabas. De otro lado, ella considera que la familia es algo muy importante que debería servir como nicho afectivo de protección, sin embargo, se convierte en factor de riesgo, reflexión que hace al referirse particularmente a su familia nuclear de origen, como a continuación se describe:

> El maltrato se da desde la familia. Porque la base de la sociedad es la familia, y acá las familias son muy desintegradas, hay mucha violencia, hay mucha manipulación de los hijos hacia los padres, a veces cuando los padres ya son de edad, o también cuando de los hijos dependen económicamente los padres, eso es algo que se da mucho, no solo acá en Puente Azul, sino en muchos sectores. Yo oigo que influye mucho es el nivel económico, la falta de dinero, la falta de oportunidades, de cuando uno está sardina, aprovechar las oportunidades que a uno se le presentan, porque no todo es color de rosa. Muchas cosas dependen de uno y también de la cultura, porque esta es una cultura machista, pero depende de uno generar el cambio.

1. Puente Azul, es un sector de asentamiento subnormal que pertenece a la Comuna 1 y que se ubica en las riberas del Río Aguacatal

Aunque centrada especialmente en lo económico, se esboza en su relato un anhelo de cambio, el cual, según ella, depende de la voluntad individual. Eso que llama como cultura, aparece como la suma de un conjunto de voluntades que, al parecer, no se quieren transformar. La suma de factores individuales negativos, como la falta de oportunidades, las carencias económicas, las carencias afectivas y la desintegración familiar, no contribuyen a generar los cambios y, por el contrario, se convierten en el ambiente propicio para que haya violencia contra la mujer. En suma, la reducción o ausencia de un conjunto de factores de protección, en medio de la exaltación de muchos factores de riesgo, generan violencia contra la mujer, según su perspectiva. Se destaca en este testimonio el hecho de que reconozca el machismo o sexismo como un fenómeno cultural que se puede cambiar, en cuya base se soporta la violencia contra las mujeres.

El siguiente testimonio es de la mujer feminista, quien, a raíz de la relación traumática con su exmarido, viene en un intento permanente por comprender y transformar su situación por medio de terapias psicológicas. Proceso que no ha sido fácil de realizar, porque su formación intelectual choca permanente con los valores culturales acuñados por la socialización en la familia, lo que hace más difícil tratar de conciliar las dos realidades. El siguiente subtítulo y posterior testimonio recogen la demanda más importante que ella le hace a su agresor.

## 6.2. NUNCA ME PIDIÓ PERDÓN

Que le pida perdón es una actitud que ella siempre ha esperado por parte de su victimario, quien nunca lo ha hecho. Al parecer, porque no considera que haya razón para ello. Ella juzga esta actitud como un desconocimiento por parte de él hacia ella, situación que agudiza los efectos psicológicos de la violencia física y que ella describe de la siguiente manera:

> Él tiene un proceso interesante de transformación como individuo en muchos aspectos. Pero nunca me ha pedido perdón. A pesar de que respeta mis espacios, yo siento que él cree que hubo algo en mí. Porque siempre creyó

> que fui la puta, la liberada, nunca la mujer de fiar. Yo creo que él todavía válida eso. Cree que hizo lo que tenía que hacer. Nunca creyó que fue una afrenta para mí, y yo le he pedido que me lo diga y no lo ha hecho. Su actitud me muestra, que en esta cultura él perpetúa lo que generalmente nos sucede a las mujeres. El hombre no nos reconoce como personas, no es capaz de hacerlo y son pocos los amigos que conozco. Él no me reconoce como otro, actúa como si yo no existiera...yo siento que a pesar de que él me admira, porque soy inteligente... pero... como uno ve un televisor, que es un aparato importante pero no deja de ser un televisor. En estos días lo pensaba, me oye los discursos, siente que soy una buena madre, pero no me valora como persona. Yo no me siento como otro con él, entre iguales no, no, no, él no lo hace. Nunca me ha pedido perdón.

En un principio, ella reconoce que su agresor ha hecho un intento por transformar sus actitudes, sin que llegue hasta donde a ella le gustaría, como es al reconocimiento de que lo hizo estuvo mal. A juzgar por el relato lo peor de la violencia física no solo es el haber arremetido contra ella en forma violenta, causándole la fractura del cóccix, sino que, además, no de muestras de arrepentimiento por esto, que no le pida perdón y que en últimas no la reconozca como un ser con plenos derechos. Lo que ella más lamenta es el desconocimiento como individuo y la creencia arraigada por parte de él, que de alguna manera hizo lo correcto, se hizo respetar por considerarla merecedora del maltrato por sus supuestas faltas indecorosas. No pedir perdón es también un elemento cultural que refuerza los estereotipos de las formas de socialización masculina.

Como se señaló en el primer aparte de este capítulo, hay una negación de la responsabilidad por parte del agresor. Este es un ejemplo de lo que Corsi plantea como uno de los aspectos más complejos en la violencia intrafamiliar y es que el agresor no se reconoce a sí mismo como violento, por tanto, no ve en su comportamiento algo reprochable que se deba cambiar, porque el efecto de la violencia ejercida generalmente no fue intencionado. La frase: "yo no quería" inhibe inmediatamente el ofrecimiento de disculpas, porque si no había intención, no hay nada que perdonar, desde el punto de vista del agresor. También es posible que el agresor no se sienta lo capaz de pedir perdón, puesto que esto puede ser una demostración de flaqueza, de poca hombría y al hacerlo se estaría mostrando como vulnerable ante su víctima, así esté separado de la misma, o es posible que el victimario considere que, aunque exagerado en sus acciones, estaba actuando correctamente. Otro aspecto que se destaca de la experiencia de esta mujer, es el reconocimiento de que, en una cadena de violencias, la historia se puede cambiar, como se describe con el siguiente subtítulo y análisis posterior. Con la siguiente frase ella esboza una posibilidad y un anhelo de cambio.

## 6.3. LA HISTORIA EN ALGUNA PARTE SE TIENE QUE CORTAR

Esta es la esperanza con la crianza de su hija mujer. Puesto que la mujer violentada considera que la posibilidad de ser agredida tiene que ver con tener incorporada la sumisión. Actitud aprendida quizás de su mamá y que no es suficiente con tener formación académica para transformar este hábito. De esta manera, reconoce que el posible cambio de una cadena de violencias está en la transformación de modelos de vida que se construyen a futuro con nuevas generaciones. En este caso, personificado en su hija, mujer quien está en la etapa de la adolescencia. Así se expresa ella de su hija y de las características de la crianza:

> Yo quiero que sea una niña segura, que tenga confianza en ella misma, que sienta que en su casa confían en ella, para que salga tranquila a la calle, para que no salga con las inseguridades que yo viví y aún vivo, que estoy viviendo todavía, esas contradicciones no las quiero, y a ella le dije: "Yo no quiero que usted sea la mujer débil que yo aprendí a ser de mi mamá y yo a usted le he transmitido mucho el papel de víctima y de debilidad, y usted tiene que mirarme en eso, para que usted no lo vaya a repetir". En eso yo he sido irrestricta, ¿no? La historia en alguna parte se tiene que cortar.

Este es uno de los grandes retos y aprendizajes para esta mujer después de su experiencia de haber sido víctima de la violencia física por parte de su pareja. En el fondo, ella cree que la violencia fue posible porque fue una mujer débil y la forma de transformar esta situación a futuro, es construyendo pilares de fortaleza en su hija. Cuando plantea que la historia se tiene que cortar, está proponiendo que la violencia contra las mujeres es una cadena de dependencia, de sumisiones, de baja autoestima y de debilidad que se puede empezar a transformar desde la crianza con otros referentes para las hijas. Lo que supone que la situación no solo se frene porque cese la agresión contra una mujer en particular, contra ella, por ejemplo, sino porque no sea posible contra otras mujeres como su hija. Dicho de otra manera, si la hija llegará a ser una mujer violentada en cualquiera de las formas en que el género femenino supone una desventaja, entonces la cadena de violencias no se habrá cortado para ella. Es por esto por lo que la crianza de su hija quiere basarla sobre otros valores no sexistas, lo cual se constituye en su gran reto. Porque como ella misma, la discriminación sexista también es responsabilidad de las mujeres. Así se recoge en el siguiente aparte.

## 6.4. TAMBIÉN NOSOTRAS PERPETUAMOS LA CULTURA MACHISTA

La mujer considera que si la crianza de los hijos e hijos recae especialmente en las mujeres, entonces son ellas las primeras llamadas a transformar una cultura machista y dejar de perpetuarla. Porque es en estas formas de crianza donde los hijos incorporan actitudes dominantes y las hijas de sumisión. En el siguiente relato, ella analiza cómo cree que funciona la sociedad en cuanto a la educación según la discriminación por género.

> Cuando un sistema como este nos presiona tanto como mujeres, nos toca pagar un costo y es una cuota de soledad y de aislamiento. –Así le habla a su hija— Eso tienes que aprenderlo a asumir y a ser fuerte en eso. Porque no veo facilidad con las niñas con todos esos patrones que se vienen repitiendo, se perpetúa y todos los medios de comunicación lo afianzan. Es duro asumir la educación de una niña y de un niño, ¿no? Porque también nosotras perpetuamos la cultura machista. Ahí sí creo yo que por ser el primer hijo, me equivoqué en muchas cosas y mi hijo tiene mucho el referente de su padre, me toca una lucha...

También existe una fuerte incidencia de los medios de comunicación y de la sociedad en general, en la socialización y crianza de los hijos e hijas, es decir, no depende solamente de las familias o de las madres. Aun en los casos donde una mujer sea consciente de criar con condiciones de equidad a los hijos e hijas, hay elementos de la cultura tradicional que están bastante arraigados y que se manifiestan, por ejemplo, en tener privilegios con los hijos, evitarles el esfuerzo de las tareas domésticas, fortalecerles su sentido de superioridad respecto de las mujeres y, por otra parte, a ellas reforzarles su sentido de servicio a los demás. De esta manera, esta mujer se lamenta de no haber tenido suficientemente claros algunos de estos elementos al momento de criar a su primer hijo hombre.

Ella quiso tener dos hijos y, aunque no sabía su sexo antes de nacer, considera que fue un gran reto tener un hijo y una hija, porque podía ponerse a prueba en la crianza en equidad, lo cual ha resultado difícil a pesar de hacer explícito el esfuerzo.

> Para mí era un reto tener un varón y una niña, y siempre me pensé: ¿cómo voy a formar la niña en condiciones de igualdad? La primera decisión mía fue no romperle las orejas, porque era un irrespeto a ella como ser humano. Cuando ella quiere romperse las orejas, esa será su decisión sobre su cuerpo, pero yo no la voy a irrespetarla. La segunda decisión fue no bautizarla, darle a ella el derecho a elegir la religión, si la quería. Se me vino el mundo encima, porque era niña y no tenía aretes, nunca le puse vestidos de can can, ni de encajes, la vestí con camisetícas, normalmente, le manejé todos los colores igual que se los manejé a mi hijo, tampoco, le di ese tratamiento de niño – niña y siempre pensaba ¿Cómo actúe yo cuando tenía a mi hijo en cada una de sus etapas? Porque yo sabía que tenía que actuar igualmente con ella. Y he procurado hasta hoy hacer eso pero me ha tocado guerrear la cosa, guerrearla con mi familia, y ahora que la niña se está haciendo señorita, más aún, porque ya comienzan a decir... hasta que la niña tuve 11–12 años no hubo tanta presión, pero ahora que la niña se está haciendo señorita, empiezan a hacer es presión sobre la mujercita, desde su papá, su hermano, sus abuelos, los amigos, las tías, alguna tía.

Una de las reflexiones más importantes, después de los hechos de violencia física contra ella, es que se debe prevenir este tipo de situaciones desde lo que se ha llamado empoderamiento de las mujeres, proceso que ella considera que empieza desde casa y quiere hacerlo con su hija. Con este testimonio ella da pistas para reconocer como se arraiga la violencia simbólica o cultural, que según Bourdieu y Galtung, le sirve de soporte a la directa u otras formas de violencia, al señalar que la sociedad en cabeza de las familias, reclaman porque a las niñas no se les empiece a formar en lo que debe ser una mujer. La decisión de no hacerle huecos en las orejas para que portara más adelante sus respectivos aretes de mujer, fue uno de los símbolos que quiso transformar y que encontró sus desavenencias en la familia, al considerar esta, una medida exagerada, pero en el trasfondo de esta decisión, está el hecho transformar algunos de esos distintivos sobre los cuales se construye la identidad femenina y que refrendan la falta de autonomía de las mujeres sobre sus cuerpos.

## 6.5. LA INCORPORACIÓN DE LAS DISTINTAS CULPAS

La responsabilidad de cuidar de la familia, se ha transformado en culpa para algunas mujeres. Según lo revisado, se puede afirmar que en la socialización femenina la culpa juega un papel determinante. Las mujeres sienten culpas por muchas situaciones y esta es una actitud incorporada de forma tan recia que es difícil dejar de sentirla. Al respecto, el siguiente testimonio da cuenta de la culpa que siente una mujer por no haberse encargado más de sus hijas y, por tanto, ser responsable de lo que pueda pasarles a ellas. El testimonio corresponde a la mujer de 44 años, líder comunitaria de su barrio.

> Yo creo que esto del maltrato es una cadena, yo me siento muy culpable por no haberle dado más amor a mis hijos, yo creo que mi hija mayor se metió con ese señor buscando el papá que no tuvo y como yo me metí tanto con mi marido cuando ellos estaban pequeños, fue como si él me absorbiera todo y no quedaba nada para ellos.

Como ya se ha planteado, esta mujer tiene tres hijos. Dos mujeres y un hombre. Todos jóvenes mayores de edad. Una de sus hijas tiene una pareja que la maltrata, situación que nunca hubiera deseado para ella.

Pero que, según su propio criterio, no hizo nada como madre para impedirlo. Porque según ella misma, siempre vieron en su mamá a una mujer que permitía el maltrato contra ella y, en vez de evitar el contacto con el victimario, por el contrario, buscaba estar cerca de él.

La mujer manifiesta que siente culpa por todo lo que no les dio a sus hijos. Siente que hubiera podido generar en ellos la posibilidad de construir relaciones de pareja distintas, sin embargo, a diferencia del testimonio anterior, ella no se propuso nunca tener unos referentes de madre distintos para que sus hijas no imitaran el patrón de sumisión. Esta reflexión la hace cuando sus hijas ya son adultas y han conformado sus propias parejas y ella ve cómo, tristemente, se repite el patrón de comportamiento maltratador en una de sus hijas, situación que la segunda hija rechaza y juzga. Puesto que en esta hija parece que la violencia vista contra su madre ha generado el efecto contrario. Ella no acepta ninguna forma de violencia contra ella, al considerar que las mismas mujeres tienen los elementos personales para evitarlo, según conversaciones informales que se tuvieron en la sala de su casa y que no fueron grabadas, porque la chica no lo permitió.

De otro lado, a pesar de las culpas incorporadas y de reconocer que de alguna manera ella ha permitido la perpetuación de la violencia contra sí misma, ella siempre tiende a defender a su agresor. Rescatando de él todo lo bueno, que como hombre y marido pueda tener. De esta manera, ella insiste en que él ha cambiado, subtítulo que encabeza el siguiente texto.

## 6.6. ÉL HA CAMBIADO

Según investigaciones revisadas y después de analizar estos trayectos de vida, se encuentra que en muchas de las situaciones de violencia física contra mujeres, ellas no quieren separarse. Lo que realmente desean es que la situación cambiara y en esta espera pasan años hasta que aparentemente se acostumbran a la situación de abuso. En el siguiente relato, la mujer cuyos relatos se vienen analizando, manifiesta que es consciente de su situación, pero que pese a la violencia recibida, sigue considerando que su victimario es un hombre noble y que solo fue preso de las circunstancias, imagen que ha tratado de construir antes sus hijos, quienes no entienden el comportamiento de su madre.

> Mis hijos no entendían cómo yo podía volver con él después de todo lo que me hizo. Cuando mi hijo me ve la cicatriz en el brazo, me dice que en mi lugar odiaría a la persona que me hizo eso. Pero ahora es distinto. Ellos ven que él ha cambiado, es que él ahora es tan noblecito. Ya no me pega, ya no alegamos, ahora hablamos. Mi familia dice que él me hizo algo (brujería) para que yo siga con él después de todo lo que me ha hecho y la familia de él también piensa que yo le he hecho algo. Porque con todo lo que hemos peleado y yo no le puedo dar hijos, y sigue conmigo. Pero es que es un amor todo raro.

La mujer valora positivamente esta relación de pareja porque, aun presentándose casos graves de violencia física contra ella, la relación ha logrado salir a flote. Lo que refuerza la idea de que la mujer debe tener paciencia, ser comprensiva y, en compensación, tendrá la relación anhelada. Cuando ella lo denunció, le quería dar un escarmiento, pero ya lo había perdonado y al considerar que ya pagó por lo que hizo, no encuentra nada reprochable en la posibilidad de vivir juntos. Además, la imagen de sí misma se encuentra bastante lacerada porque considera que no sirve como mujer al no poder concebir más hijos. Lo que la hace deducir que si él aún está con ella, es porque verdaderamente la ama y, frente a esta realidad, las agresiones físicas pasan a ser solo conflictos manejables de pareja. Pero no determinantes, para decidir el futuro de la relación, lo cual hace que ella se mantenga ahí en una situación de subordinación.

Finalmente, se presentan las percepciones de la mujer que es madre adolescente, luego de su experiencia de haber sido víctima de violencia física por parte de su joven marido. Ella considera que la actual vida que tiene no es la vida que se merece, situación que solo alcanza a esbozar sin mayores opciones de transformación. Con el siguiente subtítulo y posterior descripción se da cuenta de esta situación. Ella dice que la vida no puede vivirse de esa manera.

## 6.7. ESO NO ES VIDA

Así define su situación en medio de la violencia de pareja que vive esta mujer. Ella encuentra en su cotidianidad algo reprochable e insostenible, que, sin embargo, se sostiene presionada por las circunstancias, por la falta de autonomía para tomar decisiones, por la falta de condiciones que le permitieran llevar una vida mejor. En el transcurrir de sus días, la situación se agudiza, la violencia se recrudece y su resentimiento se recrudece a sus escasos catorce años, como se describe a continuación.

> Siempre decimos lo mismo, pero sinceramente yo no quiero vivir más con él... Pero yo estoy en embarazo otra vez... Con él peleamos, pero yo ya no me dejo, y si le tiro, le tiro es a matar. Porque si yo le tiro un puño a él no le va a doler, en cambio, él a mí me puede tumbar un diente, dos dientes, en cambio, yo no.

Ella quisiera vengarse, hacer lo que él hace. Pero no se siente con la fuerza física para hacerlo, o quizás realmente no se sienta con el derecho a hacerlo. En todo caso, se evidencia la indefensión de la que es presa, por su edad, su gravidez y su frágil consistencia corporal. En medio de su angustia ha ido poco a poco, encontrando algunas estrategias de defensa o realmente de venganza, que posiblemente solo susciten la burla de su pareja y victimario, porque al final queda claro que depende de él. El siguiente relato describe una de esas situaciones.

> En estos días yo le tiré un botellazo y casi lo mato (según ella). Yo digo que eso no es vida, yo creo que el día que él me pegue, yo voy a coger un palo o un arma, entonces eso no es vida, nosotros ya no nos respetamos. Mucha gente me da concejos, mi mamá dice que lo deje, que no siga más con él, pero realmente uno a esta edad no consigue trabajo, si yo le pongo una demanda en bienestar, lo obligan a dar como 350.000 pesos mensuales o algo así, eso a mí no me sirve, él a mí me da 100.000 pesos semanales, entonces yo digo que para colocarle una demanda, para eso lo tengo ahí. Yo no me voy a poner a trabajar con una barrigota. Yo estuve trabajando un tiempo, pero me salí porque él se recostó mucho, me decía que le ayudara para la comida, entonces no. A mí ese trabajo no me gustaba porque era limpiando vidrios, aunque me iba bien, me ganaba 50.000 pesos trabajando de 8 a 3, pero me salí y no volví a trabajar más.

Según el relato, la mamá le dice que deje al marido maltratador, pero no le presenta una alternativa de apoyo concreto en su situación de menor de edad, embarazada y madre de otra niña. Por otro lado, ella considera que el hombre es quien tiene la responsabilidad de proveer la familia y que en su actual estado de preñez ella no está en capacidad de hacerlo. Además, tiene miedo de que él no siga asumiendo su responsabilidad como padre de sus dos hijas. Quizás todas estas razones, solo sean los argumentos que ella debe construirse para tratar de comprender qué incide en su permanencia con el hombre que la maltrata, a pesar de reconocer que esta no es la vida que ella quisiera para ella y sus hijas.

De otra parte, cuando ella dice: "yo ya no me dejo y eso es muy feo", con esta frase, como se verá a continuación, esta mujer hace referencia a que es esperable que un hombre le pegue a una mujer, pero no que una mujer le pegue a un hombre y en caso de que esto se presente, bien sea por venganza o por defensa, será un indicador de que la relación definitivamente ha colapsado, porque se han alterado todos los roles establecidos.

> Él me ha pegado muchas veces, pero yo ya no me dejo y eso es muy feo. O sea, él me pega y yo le tiro a él. Yo le he tirado a traición, o sea por la espalda, cuando él me da la espalda yo le tiro. De frente no. Porque yo pienso que él me coge lo que le voy a tirar, algún objeto, entonces le tiro a la cabeza o al cuerpo, pero a la espalda yo sé que le doy. La primera vez que yo le pegué, fue un botellazo en la cabeza, él lloró, se levantó y se sentía mareado, lloraba y lloraba. Yo creo que él no lloraba del dolor, sino porque era la primera vez que yo le tiraba a él, o sea yo nunca le había tirado a él.

Con este relato se pone de manifiesto lo desconcertante que resulta para el hombre ser atacado por su mujer. Cuando la mujer víctima, se convierte en victimaria, situación que no transforma la relación de pareja y de violencia de género, sino que denota el deterioro al cual puede llegar una relación cuando las palabras no son el camino para dirimir los conflictos; mucho más cuando estos no son explícitos, sino que se basan en supuestos, de lo que el contrincante hizo o dejó de hacer. La chica se siente bien de saber que por lo menos una vez ha sido ella la que lo ha agredido a él, quizás de esta manera la demuestre que ella se puede defender o que también puede agredirlo, sin embargo, el comportamiento se da en el marco de la misma relación de pareja, es decir, en ningún momento se esboza la posibilidad real de salir de este medio maltratador, como si se sintiera condenada a vivir en él y tratar de hacerlo lo más llevadero posible, siendo una de esas formas, intentar también ser generadora de los ataques.

En los distintos relatos revisados sobre la experiencia de vida posterior a los hechos violentos en las vidas de las mujeres, se puede encontrar que no necesariamente se presenta en todas ellas una necesidad de transformar sus vidas. Pese a que los hechos violentos han lacerado sus vidas, las han afectado como mujeres, han ido en detrimento de la valoración de sí mismas como mujeres sujetos de derechos, dos de ellas reflexionan sobre la necesidad de cambiar el patrón de sumisión como medida protectora para prevenir las violencias contra las mujeres, pero las otras dos tratan de acomodarse a las circunstancias.

# 7. Epílogo

En los procesos de socialización en las familias de las mujeres agredidas, se percibe un marcado sexismo y discriminación negativa hacia las mujeres. Cabe recordar el caso del padre que, presa de la ira y con la obvia intención de infligir humillación a su mujer por haber parido un hijo varón, le castiga cortándole el cabello al rape. O el de aquel otro padre que se abstuvo de abusar sexualmente de una de sus hijas por no considerarla suficientemente atractiva.

Este par de casos ilustran el ejercicio del poder masculino y las formas en que este recae sobre las mujeres al interior de la familia. Tanto en el primero como en el segundo de los casos reseñados, se revela la pérdida absoluta de la autoestima y la capacidad femenina a decidir autónomamente sobre sí mismas y sobre sus propios cuerpos, que han quedado frágilmente expuestos al deseo y voluntad de los hombres.

Además de esto, se constata un evidente manto de silencio y complicidad que se tiende para cubrir estas agresiones por parte de otras personas del entorno familiar. En una evidente claudicación a los designios del padre proveedor, símbolo de autoridad incuestionada y depositario del control sobre la vida y destino de las mujeres próximas, se consiente el abuso; que pasa a ser, por lo mismo, naturalizado por la costumbre (en el sentido en que Bourdieu entendía la naturalización de los actos culturales mediante el hábito y la repetición continua de los eventos microcosociales).

Todas las mujeres de estas cuatro familias eran vistas como las encargadas de los oficios domésticos; considerados de menor importancia respecto de las labores desempeñadas por los hombres. No importaba tampoco que las hijas estudiaran, ya que ello no contribuía a reforzar su rol femenino, bajo la óptica de los valores sexistas esperados, impuestos o construidos. Nacer mujer en estos hogares supuso una impronta de sometimiento absoluto.

En estos hogares no solo existía una internalización diferencial según género respecto a la imposición de roles, sino también en la sobrevaloración de lo masculino sobre lo femenino, situación esta que prefiguraba la posibilidad que cumple a los hombres de ejercer diferentes formas de violencia contra las mujeres con la más flagrante impunidad.

Así, pues, estas mujeres, siendo niñas, empezaron a ser víctimas de diversos tipos de abusos, los que desembocaron, ya de adultas, en verdaderas agresiones y maltratos cada vez más reiterados y graves, al punto de llegar a la brutalidad. Prueba de lo anterior es que dos de ellas fueron abusadas sexualmente en la infancia, otra quedó en embarazo antes de terminar la adolescencia y una cuarta tuvo que asumir precozmente los deberes de madre por ausencia de esta.

Algunas de estas situaciones vividas representaron gotas de agua que cayeron corrosiva y traumáticamente sobre ellas y los hechos violentos que vivieron de adultas supusieron la verdadera tormenta del maltrato. Una de ellas creció presenciando impotente el maltrato de su padre hacia su madre, otra creció viendo la sumisión de su mamá a las órdenes del padre que atropellaba y sumía en el silencio a las mujeres, otra no tuvo contacto con su madre y una última no recuerda muy bien si su propia madre la cuidó o no de niña.

Se desconoce si estas familias eran calificadas como familias abusadoras por parte de vecinos, familiares o amigos. Es muy probable que no haya sido así, puesto que todo lo que allí ocurría era cubierto con un manto de silencio cómplice, vergüenza o culpa y no salía a la luz pública. Aparentemente, eran *familias de bien* en el sentido de buenas personas, como se entiende popularmente.

El padre se cuidaba muy mucho de transmitir una imagen de hombre serio y responsable, universal, proveedor del sustento familiar. La madre tenía una imagen de buena mujer porque se encargaba de los asuntos domésticos y los hijos e hijas tenían la fortuna de tener padre y madre. Con un cuadro familiar como el que se describe, nadie podía sospechar la existencia de abusos, y si estos se presentaban, eran considerados como algo normal y perfectamente esperable en una familia con apariencia de normalidad en la que, *como pasa en las mejores familias,* estas cosas suelen suceder.

Por lo que respecta al marco en que se desarrollaba la interacción social, llama la atención el hecho de que una de las mujeres consideraba que si su yerno maltrataba a su hija, ella se lo tenía merecido por haber buscado marido, lo cual también refuerza los estereotipos de género aprendidos en la socialización primaria (estereotipos según los cuales la "pesca" de marido supone una lotería que se gana con un billete de alto costo, al costo de moretones).

Lo marcadamente sexista se manifiesta en la valoración de los roles a partir de atributos biológicos o sexuales de los componentes de las familias, y donde el marido tiene el derecho y el deber de castigar a la esposa o compañera; y esta tiene el deber de aguantarse y obedecer en silencio.

Esta situación denota la importancia que tiene el proceso de construcción de la identidad de género en la vida de las personas; puesto que de este aprendizaje dependerá el valor y el tipo de relaciones que establecerán con los demás y con su entorno social. Si la identidad se ha construido a partir de estas ideas sexistas, cabe esperar que ello impregne la vida de las mujeres, predisponiéndolas desde niñas a acatar seguidamente su papel de mujeres dominadas.

Por otro lado, se constata que cada hijo e hija le da significados distintos a lo que allí ocurría. No siempre, ni todos, manifiestan haber sido objeto de malos tratos de adultos, o por lo menos no lo reconocen, según lo testimoniado por las mujeres entrevistadas.

Una vez recogidos los testimonios se obtienen puntos de vista dispares sobre lo que allí ocurría. Se debe tener en cuenta que cuando estas mujeres aceptan hablar sobre la violencia que sobre ellas se ejercía, empiezan a registrar como anormales los eventos de que fueron víctimas, aun cuando posiblemente antes no lo veían así. De lo que se deduce que para ellas lo ocurrido dentro de sus familias estaba dentro de lo esperable o de lo inevitable.

Por lo que concierne a la mujer universitaria, la que siendo niña aún su padre se abstuvo de abusarla sexualmente por no considerarla suficientemente atractiva para él, ella nos cuenta que, de sus dos hermanas, quienes sí fueron abusadas, una estuvo congregada en una iglesia cristiana y otra se refugió en la poesía y que ambas han tenido dificultades para conformar pareja, pero ninguna de las dos ha buscado ayuda psicológica para abordar la problemática latente del abuso infantil.

En reuniones familiares, el padre sigue siendo el centro de la autoridad y, en las pocas ocasiones, cuando la mujer entrevistada lo ha desafiado mediante reclamos por sucesos pasados, ella es vista por otros familiares como atrevida e irrespetuosa. Por otra parte, el hecho de haberse separado de su marido y por haber establecido otras relaciones de pareja, ha recibido censura y desaprobación por parte de algunos de sus familiares. Una mujer separada es sinónimo de mujer fracasada, así su separación obedezca a causas justas. Ella considera que el peso social le impide a la mujer ser libre y que esta libertad tiene como costo, muchas veces, la soledad y la incomprensión.

En el caso de la mujer de 19 años que fue abusada por su padrastro con la complicidad y velada incriminación por parte de su propia madre, ella cuenta que sus dos hermanas jamás han protestado a las órdenes injustas impartidas por su madre o por su padrastro, que son sumisas y que no tienen una buena relación con ella, ya que la ven como una oveja descarriada que no quiso seguir el rebaño. No ven con buenos ojos tampoco que ella trate de abrirse camino en el mundo de manera autónoma, lo cual supone un desafío a la autoridad familiar, desconociendo los motivos de fondo que esta chica tiene para actuar así.

En cuanto a la madre adolescente, ella es la mayor de sus hermanos y no encuentra en otro familiar un apoyo para hablar de su situación. Según ella misma refería, su situación es común entre las chicas de su edad que viven en su barrio, y los comentarios sobre la situación de violencia contra las mujeres en la pareja o en la vida de familia, son para hacer comparaciones de los hechos, pero no para buscar apoyos, frenar las agresiones o buscar alternativas a la familia.

De lo cual se deduce que, en el este sector donde habita la chica, nadie percibe en la violencia contra las mujeres un hecho punible, socialmente inaceptable y francamente anormal. Por el contrario, se ha incorporado como parte de la cotidianidad, de lo familiar (en el sentido de estar familiarizados con estos eventos), y, por tanto, dentro de la normalidad del barrio.

En este mismo sector habita la mujer de 44 años que es líder comunitaria y que es vista por una de sus hijas y por su hijo varón como una mujer sometida y masoquista, según dice ella misma. Esta hija es quien estuvo presente en una de las entrevistas y participaba tangencialmente sosteniendo que "las mujeres se dejan maltratar aun pudiéndolo evitar". La otra hija de la mujer entrevistada, al igual que su madre, también es maltratada por su pareja.

La mujer entrevistada se siente culpable de esta situación porque considera que lo que le pasa a su hija es el reflejo de su propia situación, pero no entiende porque una hija se deja maltratar y la otra no. Si ambas vivieron la misma situación de agresión que ella vivió con su pareja, no se explica la asimilación diferente de los hechos. Lo anterior la lleva a dudar sobre el proceso de enseñanza y aprendizaje, considerando que, finalmente, cada cual está en la posibilidad de evitar las agresiones contra sí misma y que incluso en su caso ella ha sido víctima porque ha consentido a ello.

Al ilustrar esta diversidad de situaciones, lo que se pretende mostrar son las reacciones que la violencia contra las mujeres suscita entre los familiares, conocidos, vecinos, amigos o personas cercanas, y que estas difieren según sea el caso, al igual que difieren entre las mismas mujeres agredidas.

En cuanto al nivel educativo, llama la atención que, contrario a lo que pudiera esperarse, este no necesariamente supone una barrera de protección interpuesta entre el agresor y las mujeres. Conviene recordar que una de ellas era universitaria, otra cursaba el último curso de bachillerato, otra lo estaba haciendo acelerado después de haber estado mucho tiempo por fuera del sistema escolar y otra tenía bachillerato incompleto, sin esperanzas ni intenciones de terminarlo; ninguna era analfabeta, pero todas con distintos niveles de escolaridad fueron víctimas de violencia física.

Respecto a la mujer universitaria, con formación en áreas humanísticas y, según afirmaba, poseer conciencia sobre sus derechos, esta formación no resulta en la práctica suficiente. Se pone de manifiesto que aun cuando la educación efectivamente transmita un conjunto de conocimientos y valores que preventivamente disminuyen el riesgo de estar expuesta a la violencia de género, si a este bagaje no se le incorpora el ejercicio real de los derechos, de poco sirve en la práctica real.

Se puede afirmar que la capacidad de ejercer autónomamente los derechos, su ejercicio real en la praxis social, no necesariamente pasa por la educación, o por lo menos, no por la educación tradicional, entendida como aquella que refuerza la discriminación sexista que viene desde la familia. De otro lado, se debe tener en cuenta que se conoce el nivel de escolaridad de las mujeres agredidas, pero no el de los agresores.

De acuerdo con lo planteado arriba, la educación puede constituir un factor de protección y prevención personal y social contra la violencia, entendida esta como una práctica arraigada en personas bárbaras (lo bárbaro por oposición a lo civilizado), propio de quienes pierden el control sobre los instintos primarios y que son presa de accesos o brotes intempestivos de irracionalidad.

Desde este punto de vista, en la educación, como proceso de transmisión racional de conocimientos y valores, se encontrarían las claves razonables para evitar los actos violentos. Una persona violenta, si ha pasado por el tamiz de la educación, cabe esperar que consiga reflexionar un segundo antes de ceder a sus instintos. Esto podría disminuir la posibilidad de que el ataque se presente y que su irracionalidad se vea inhibida, aunque solo sea transitoriamente, por la educación.

En los casos revisados se encuentra que quienes perpetraron los actos violentos son personas impulsivas, que se dejaron llevar por sus pasiones, que no reflexionaron. Por lo menos eso pasó con el hombre que al propinar un puntapié ocasionó la fractura de cóccix a su compañera, lo mismo quien apuñaleó o quien permanentemente da puñetazos en la cara a su mujer.

A juzgar por sus actos irracionales, se puede afirmar que estos hombres no tuvieron el filtro civilizador educativo. No conocen acerca de los de derechos de las mujeres y sería demasiado esperar que fueran conscientes de la existencia de procesos con enfoque de género, basados en el respeto por los demás (de lo otro diferente, en masculino y en femenino), como tampoco por las formas alternativas para dirimir los conflictos por vías ajenas a los medios violentos.

Cuando asestaron golpes, estos hombres, al igual que la madre maltratadora, no pararon en razones ni argumentos, lo hicieron movidos y buscando desahogar una ira ciega, al parecer represada. No veían en su víctima un ser o un sujeto de derechos, sino alguien a quien debían de alguna manera castigar o darle un escarmiento.

Los límites de las acciones violentas constituyen fronteras flexibles que se van desplazando proporcionalmente a la tolerancia de las mujeres, las que siempre guardaron una esperanza, siempre creyeron que la situación podía cambiar. Un insulto, un grito, una humillación o un desprecio no eran considerados como violencia, hasta que aparece el golpe propinado de manera directa y explícita. Esto sí era violencia para ellas, pero siempre en comparación con otra situación pudo valorarse como de poco o de mucho y no catalogarlo en sí mismo como un acto reprobable por ser violento (a este respecto conviene recordar la frase acuñada en España y que inspiró el título de un libro ampliamente difundido: "Mi marido me pega lo normal").

De esta manera, no es que la violencia aparezca de repente en sus vidas. No es que la violencia llegará sin que nadie la esperara. Los actos violentos fueron propinados por hombres (y en un caso por una mujer), producto de un conjunto de resentimientos acumulados, frustraciones o inconformidades que irrumpieron en un momento determinado, como quien destapa una olla en ebullición. Los violentos fueron presa de desequilibrios emocionales incontenibles, expresados puntualmente, pero que previamente se habían estado cociendo.

La violencia física estuvo precedida de violencia psicológica o simbólica. Estas situaciones muy posiblemente aplazaron las acciones de violencia física real, es decir, eran un sucedáneo transitorio, pero sin duda, abonaron el camino de las agresiones más graves.

Frente a estas características aparentemente disímiles, cabe la pregunta sobre qué es entonces lo que estas mujeres tienen en común para que todas hayan sido víctimas de violencia física. Y la respuesta justamente es que, quizás, no tengan nada más en común que el atributo de género para que hayan sido vulnerables a la violencia, es decir, haber nacido mujeres en ciertos contextos socioculturales, las puso en una situación de vulnerabilidad.

Nacer mujer en ciertos contextos sociales implica pertenecer a un segmento de alto riesgo epidemiológico; las violencias basadas en el género constituyen una verdadera epidemia social en todo el mundo. Ser considerada persona inferior o *segundo sexo* en relación con los miembros del género masculino, es un factor de vulnerabilidad, así posea escolaridad, incluso superior o tenga solvencia económica.

Valga la pena decir, que ni ellas ni sus agresores tuvieron una educación centrada en el respeto por las diferencias y, en este sentido, son herederos de una cultura machista que aún hoy hace una discriminación negativa entre los géneros. Y esa sobrevaloración de lo masculino sobre lo femenino es una de las características de la dominación masculina.

Se configura así una forma de socialización que poco a poco se convierte en sociabilidad, es decir, es una forma de ser o un estilo de vida, que implica también y sobre todo, una forma de relacionarse, lo que, por supuesto, es susceptible de modificarse. La dominación masculina se moviliza mediante las distintas formas de agresiones hacia las mujeres; pero la agresión es la manifestación, no es el todo. La dominación en sí misma hace parte de una estructura, de un conjunto de valores y de representaciones sociales.

Lo que hace posible esta dominación es la sobrevaloración social de lo masculino en términos de lo fuerte, poderoso, significativo o de más valor.

Es posible porque existe la otra cara de la medalla: la sumisión femenina. Tanto la una como la otra son los dos polos que no le dan estabilidad a una unidad, sino que la destruyen. La unidad es el escenario en que se fraguan las relaciones sociales, en este caso relaciones de género, sin que se logre tender un puente de diálogo y comunicación entre la dominación y la sumisión; en cambio, lo que sí consigue es profundizar la diferencia.

La categoría opuesta, el opositor binario real de la dominación masculina, no es la dominación femenina, sino la equidad entre los géneros. En el transcurso de esta investigación, recurrentemente se escuchaban comentarios alusivos a que los hombres también son víctimas de agresiones por parte de sus parejas, como si esta situación estuviera disminuyendo el problema.

Lo que aquí se sostiene es que la agresión contra los hombres en el plano familiar también es una forma en que se expresa o manifiesta la dominación masculina. Que los hombres sean víctimas de agresión no quiere decir que las mujeres estén ganando ninguna batalla. Por el contrario, se acentúa el sexismo, en tanto se recurre a las mismas estrategias de dominación, una similar escenografía, un guion similar en el que solo se han invertido los actores.

La sumisión femenina se manifiesta también en la tendencia, elevada a categoría de vocación, de mantener una abnegada actitud de siempre estar en disposición de comprender todo tipo de situaciones, inclusive aquellas que son francamente insostenibles, al punto de llegar a poner en grave riesgo su integridad física, psíquica, y hasta su seguridad personal. No se trata de buscar retaliaciones con el sujeto que ataca, sino de transformar esas relaciones que se sostienen entre *amores y moretones*, porque los hábitos son a veces tan sutiles que tienden a considerarse innatos y, por lo tanto, no se cuestionan. Decir que el machismo es cultural o que las violencias entre parejas son algo cultural, es alimentar un lugar común que tiende a naturalizar y perpetuar prácticas que, justamente por su carácter cultural, pueden y, a mi modo de ver, deben transformarse.

# Referencias bibliográficas


BETANCOURT, Gilma Alicia. El maltrato a la esposa o el derecho a castigar. Palmira 1858–1875. En: CASTELLANOS, Gabriela; ACCORSI, Simone; VELASCO, Gloria (Compiladoras). *Discurso, género y mujer*. Cali: Editorial Facultad de Humanidades, Universidad del Valle, 1994. Págs. 172–196.

BETANCOURT, Gilma Alicia. Género y delito en Cali (1850–1860). Desde la ventana de un juzgado parroquial. En: CASTELLANOS, Gabriela; ACCORSI, Simone; VELASCO, Gloria (Compiladoras). *Género y sexualidad en Colombia y Brasil*. Cali: Editorial Facultad de Humanidades, Universidad del Valle, 2002. Págs. 107–118.

BETTELHEIM, Bruno. *Educación y vida moderna, un enfoque psicoanalítico*. Barcelona: Editorial Crítica, Grupo Editorial Grijalbo, 1998.

BOURDIEU, Pierre. *El sentido práctico*. Madrid: Ediciones Taurus Humanidades, 1991.

BOURDIEU, Pierre. *La dominación masculina*. Barcelona: Editorial Anagrama, Colección Argumentos, 2000.

CASTELLANOS, Gabriela; ACCORSI, Simone; VELASCO, Gloria (Compiladoras). *Discurso, género y mujer*. Cali: Editorial Facultad de Humanidades, Universidad del Valle, 1994.

CASTELLANOS, Gabriela; ACCORSI, Simone; VELASCO, Gloria (Compiladoras). *Género y sexualidad en Colombia y Brasil*. Cali: Editorial Facultad de Humanidades, Universidad del Valle, 2002.

DE BEAUVOIR, Simone. *El segundo sexo. Los hechos y los mitos*. Buenos Aires: Ediciones Siglo Veinte, 1982.

ELIAS, Norbert. El cambiante equilibrio de poder entre los sexos. Un estudio sociológico procesual: el ejemplo del antiguo Estado romano. En: *La civilización de los padres y otros ensayos*. Bogotá: Grupo Editorial Norma, Editorial Universidad Nacional, 1998. Págs. 199–249.

ETXEBARRIA, Lucía. *La Eva futura. Cómo seremos las mujeres del siglo XXI y en qué mundo nos tocará vivir*. Barcelona: Ediciones Destino, Colección Áncora y Delfín, Volumen 900, 2000.

FULLER, Norma. *Identidades masculinas*. Lima: Pontificia Universidad Católica del Perú, Fondo Editorial, 1997.

GALTUNG, Johan. *Paz por medios pacíficos. Paz y conflicto, desarrollo y civilización.* Gernika: Gernika Gogoratuz, Colección Red Gernika, 2003.

GIDDENS, Anthony. *Modernidad e identidad del yo. El yo y la sociedad en la época contemporánea.* Barcelona: Ediciones Península, 1995.

GRUPO MUJER Y SOCIEDAD. *Mujer, amor y violencia. Nuevas interpretaciones de antiguas realidades.* Bogotá: Tercer Mundo Editores, Universidad Nacional de Colombia, 1991.

HERCOVICH, Inés. De la opción "Sexo o muerte" a la transacción "sexo por vida". En: *Las mujeres en la imaginación colectiva. Una historia de discriminaciones y resistencias. Parte II: De las violencias, los cuerpos y los sexos.* Buenos Aires: Editorial Paidós, 1992. Págs. 63–83.

JIMENO, Myriam. Crimen pasional o el corazón de las tinieblas. En: *Revista En Otras Palabras*, No. 10. Bogotá: Grupo Mujer y Sociedad, Escuela de Estudios de Género de la Universidad Nacional de Colombia, Corporación Casa de la Mujer de Bogotá, enero–junio de 2002. Págs. 7–24.

JIMÉNEZ ESCARRIA, María Isabel; MUÑOZ RICO, María del Carmen. *Violencia conyugal contra la mujer en Cali, 1989–1992.* Cali: Universidad del Valle, Facultad de Ciencias Sociales y Económicas, Departamento de Ciencias Sociales, 1995.

KAUFFMAN, Michael. Las experiencias contradictorias de poder entre los hombres. En: *Revista Masculinidades, poder y crisis*, No. 24. Santiago de Chile: Ediciones de los Magos, Isis Internacional, 1997.

LONDOÑO, María Ladi. ***Ética de la ilegalidad. Visión de género y valores reproductivos.*** Cali: ISEDER, Fundación para la Investigación y Educación en Salud y Derechos Reproductivos de la Mujer, 1994.

LORENTE ACOSTA, Miguel. *Mi marido me pega lo normal. Agresión a la mujer, realidades y mitos.* Barcelona: Editorial Ares y Mares, 2001.

MALDONADO, María Cristina. *Conflicto, poder y violencia en la familia.* Cali: Editorial Facultad de Humanidades, Sociedad y Desarrollo Humano, Universidad del Valle, 1995.

MARINA, José Antonio. ¿Qué son y qué se sabe de los sentimientos? En: *Saber, sentir, pensar. La cultura de la frontera de dos siglos.* Madrid: Editorial Debate S.A., Colección Temas de Debate, 1997. Págs. 149–171.

MICOLTA, Amparo; DOMÍNGUEZ, Marta. *Representaciones sociales y prácticas de la paternidad y maternidad en Cali.* Cali: Investigación realizada con el apoyo de COLCIENCIAS, 2000.

PÁEZ, Darío. Análisis sentimental de nuestra cultura. Cultura, emoción y conocimiento de sí en España e Iberoamérica. En: *Saber, sentir, pensar. La cultura de la frontera de dos siglos.* Madrid: Editorial Debate S.A., Colección Temas de Debate, 1997. Págs. 205–233.

PUYANA, Yolanda. Violencia intrafamiliar: oscilaciones y cambios. En: *El tiempo contra las mujeres. Debates feministas para una agenda de paz.* Bogotá: Corporación para el Desarrollo Humano, Humanizar, 2003. Págs. 133–150.

RAMÍREZ, María Imelda. Mujer y violencia. En: *Mujer, amor y violencia. Nuevas interpretaciones de antiguas realidades.* Bogotá: Grupo Mujer y Sociedad, Universidad Nacional de Colombia, Tercer Mundo Editores, 1994. Págs. 111–126.

REVISTA DEBATS, Número 70/71. Otoño/Invierno de 2000. Sección Encontrés. Entrevista realizada por Teresa Farnós de los Santos, Violencia familiar: una lacra. Conversación con el profesor Jorge Corsi. Valencia: Editorial Diputació de Valencia, Área de Cultura, Institució Alfons el Magnànim, 2000.

REVISTA EN OTRAS PALABRAS. No. 9, agosto–diciembre de 2001: Mujeres, cuerpos y prácticas de sí. No. 10, enero–junio de 2002: Mujeres, familias y conflictos sociales. Bogotá: Grupo Mujer y Sociedad, Escuela de Estudios de Género de la Universidad Nacional de Colombia, Corporación Casa de la Mujer de Bogotá.

SEGURA, Nora. Violencia doméstica: problema de la comunidad y el Estado. En: *Boletín Socioeconómico*, No. 22. Cali: Centro de Investigaciones y Documentación Socioeconómica (CIDSE), Universidad del Valle, 1991. Págs. 27–42.

SIMMEL, George. *Sociología 1. Estudios sobre las formas de socialización.* Madrid: Alianza Editorial, 1986.

THOMAS, Florence (Compiladora). Amor, sexualidad y erotismo femenino. En: *Mujer, amor y violencia. Nuevas interpretaciones de antiguas realidades.* Bogotá: Grupo Mujer y Sociedad, Universidad Nacional de Colombia, Tercer Mundo Editores, 1994. Págs. 89–101.